I0157363

التَّوْحِيدُ عِنْدَ الصُّوفِيَّةِ

شَواهِدُ مِن أقوالِهِم

جَمْعُ وتحقيقُ وشرحُ

الدكتور لؤي فتُّوحي

ساعَدَ في الجَمْعِ

فائِز فتُّوحي

برمنغهام - بريطانيا

الناشر: دار الطريقة – برمنغهام، بريطانيا.

الطبعة الأولى ٢٠٢٥

رقم الإنتاج: ٢٥٠٨٢٠٠١

نُشرت الطبعة الإنكليزية في نيسان ٢٠٢٥ من قبل Safis Publishing في برمنغهام بعنوان:
Tawhid According to Sufis: The Oneness of God in Sufism

ردمك   ٩٧٨-١-٩٠٦٣٤٢-٦١-٦ (ورقي)

٩٧٨-١-٩٠٦٣٤٢-٦٢-٣ (كندل)

بِسۡمِ ٱللَّهِ ٱلرَّحۡمَٰنِ ٱلرَّحِيمِ

شَهِدَ اللَّهُ أَنَّهُ لَا إِلَٰهَ إِلَّا هُوَ وَالْمَلَائِكَةُ وَأُولُو الْعِلْمِ قَائِمًا بِالْقِسْطِ لَا إِلَٰهَ إِلَّا هُوَ الْعَزِيزُ الْحَكِيمُ ﴿آل عمران ١٨﴾

أفْضَلُ مَا قُلْتُ أَنَا وَالنَّبِيُّونَ مِنْ قَبْلِي: «لَا إِلَهَ إِلَّا اللّٰهُ وَحْدَهُ لَا شَرِيكَ لَهُ»

(«المُوَطَّأ»، ٧٢٦)

شُكْر

بسبب ضيق وقتي، طلبت من شقيقي فائز مساعدتي في جمع اقتباساتٍ صُوفيَّة من بعض المصادر التي استخدمتها في الكتاب. لولا مساعدة فائز الكريمة هذه لأخذ الكتاب وقتًا أطول بكثير مما استغرق.

كما هو حال كل كتاباتي، أفادَ هذا الكتاب كثيرًا من ملاحظاتِ واقتراحاتِ زوجتي الحبيبة الدكتورة شذى الدركزلّي. لقد ساهمت شذى في تحسين الكتاب بشكل كبير.

فشكري وتقديري لشذى وفائز على كرمِهما في مساعدتي في إنجاز هذا الكتاب. قال الرسول مُحَمَّد ﷺ، «لا يَشكُرُ اللهَ من لا يَشكُرُ الناسَ».[1]

---

[1] البُخاري، «الأدَب المُفرَد»، ٢١٨.

المحتويات

فكرة الكتاب

يعود اهتمامي بالتَّصوُّف دراسةً وسلوكًا إلى أكثر من ثلاثة عقود ونصف. ففي منتصف شهر نيسان من عام ١٩٨٨ أخذت بيعة الطريقة العَلِيّة القادِريّة الكَسْنزانيّة[1] في التكية الرئيسة في بغداد، العراق. كان أستاذُ الطريقة الكَسْنَزانيّة في ذلك الحين الشيخ مُحَمَّد المُحَمَّد الكَسْنَزان (قدّس الله سرّه العزيز) (١٩٣٨-٢٠٢٠ م).[2]

كانت أول مشاركة لي في أدبيات التَّصوُّف في عام ١٩٨٩. كان الشيخ مُحَمَّد المُحَمَّد قد حقَّقَ مخطوطاتٍ لكتاب «جلاء الخاطر» للشيخ عبد القادِر الجيلاني، فطُلِبَ مني تدقيق وتصحيح المسودّات قبل طبع الكتاب.

ومنذ ذلك الحين، ألّفتُ سبعةَ كتب عن التَّصوُّف، نُشِرَتْ معظمها باللغتين العربية والإنكليزية. إضافة إلى تناولها للتصوّف بشكل عام، تركِّزُ كتبي على فكرِ وممارساتِ الطريقة الكَسْنَزانيّة وتوثيق تاريخ مشايخها، وبالذات الشيخ مُحَمَّد المُحَمَّد الكَسْنَزان الذي كان لي شرفُ صحبتِهِ عن قُربٍ.

كما ترجمتُ مع زوجتي، الدكتورة شذى الدركزلّي، كتاب «جلاءُ الخاطِرِ» إلى الإنكليزية تحت عنوان *Purification of the Mind*، فظهرت أول طبعاته في عام

[1] لمعلومات تفصيلية عن فكر وتاريخ الطريقة الكَسْنَزانيّة، انظر كتابي «التَّصوُّفُ في الطَّرِيقَةِ العَلِيَّةِ القادِرِيَّةِ الكَسْنَزانِيَّةِ».

[2] للاطلاع على سيرة الشيخ مُحَمَّد المُحَمَّد الكَسْنَزان، راجع كتابي «حَياةٌ وفَناءٌ في حُبِّ النَّبِيِّ مُحَمَّدٍ ﷺ».

١٩٩٨، وهو حاليًا في طبعته الثالثة. وفي عام ٢٠١٤، حقَّقتُ وأضفتُ تعليقي على مخطوطات للترجمة العربيّة لكتاب بالفارسيّة للشيخ عبد القادِر الجيلاني هو «خمسةَ عَشَرَ مكتوبًا». نُشِرَت ترجمتي الإنكليزية للكتاب، *Fifteen Letters*، في نفس العام، فيما ظهرت الطبعة العربية للكتاب في العام التالي.

إضافة إلى كتاباتي عن التَّصوُّف، نشرتُ كتبًا وبحوثًا بالعربية والإنكليزية في الدراسات الإسلامية. وقد ركّزت على الإعجاز التاريخي في القرآن، بشكل خاص، ومقارنة الأديان الإبراهيمية، بشكل عام. كانت فكرةُ كلِّ منشورٍ وليدةَ دراستي لذلك الموضوعِ واجتهادات جديدة رأيتها جديرة بالنشر وتُغني ما سبقتها من الأدبيّات.

ولكن مصدر فكرة الكتاب الحالي مختلف تمامًا عما تقدّم من منشوراتي. فقرب فجر يوم الأحد ٢٦ كانون الأول ٢٠٢١، شاهدت في المنام عبارة «التَّوْحِيد عند الصُّوفيَّة» وفهمت أنها عنوان كتاب لم يُكتَب بعد. وأدركتُ أيضا بأن الكتاب هو عبارة عن أقوالٍ لمشايخ الصُّوفيَّة عن التَّوْحِيد. حين صحوتُ من النوم شعرتُ بأن استيقاظي كان بعد مشاهدتي للمنام مباشرة. كان أول ما خطر على بالي هو أن هكذا كتاب سيكون مجرّد مجموعة من أقوال متشابهة لصوفيّة مختلفين، ولكني أدركت بسرعة بأن هذا غير صحيح وأن العنوان الذي رأيته يمكن تحويله إلى كتابٍ تعليمي ممتع. كان من الواضح بأن هدف الكتاب هو تأكيد جوهرية التَّوْحِيد عند الصُّوفيَّة من خلال كلماتهم وتفنيد الاتّهامات التي وُجِّهت لبعضهم بأن لهم عقائد تخالف توحيد الله عَزَّ وجَلَّ.

في الصباح، بحثت على الانترنيت بشكل سريع عن عنوان الكتاب الذي شاهدته في المنام، وفعلًا لم أجد كتابًا منشورًا بهذا العنوان. وهذا يخالف ما يتوقّعه المرء لأن قضية التَّوحِيد عند الصُّوفيَّة هي قضية أُثيرَت بشكل جدلي على مدى

القرون، فعدم وجود كتاب بهذا العنوان هو حقٌّ أمر غريب.

أما تنفيذ الفكرة، فمرّت بنفس العملية التي تمرّ بها جميع كتاباتي. فقمت بتحديد أهداف الكتاب، وتشخيص شريحة القراء، وتعيين المواضيع المطلوب معالجتها، وتصميم هيكل يقدُّم المحتويات بتسلسل منطقي.

أدعو من الله تعالى أن يكون الكتاب تحقيقًا مناسبًا للمنام.

مادّة الكتاب

رأيت من الضرورة أن أبدأ الكتاب بفصلٍ عن التَّصوُّفِ وآخر عن التَّوحِيد. يتناول الفصل الأول التَّصوُّف لغةً واصطلاحًا ومعنى. أما فصل التَّوحِيد، فيشرح أولًا جوهرية هذا المفهوم في الإسلام والتَّصوُّفِ قبل أن يقدِّمُ تحليلًا نقديًّا للاتِّهاماتِ الضالَّةِ والمُضَلِّلَةِ لتوحيدِ بعض الصُّوفِيَّة.

أما باقي الكتاب ومادّته الرئيسة فهي أقوال صُوفِيَّةٌ عن التَّوحِيد جمعتُها من مصادرٍ مختلفةٍ وأَضَفتُ إليها شروحي. والذين استشهدت بأقوالهم في هذا الكتاب هم ممن وَصَفَتهم أمهاتُ كُتبِ التَّصوُّفِ بأنهم صُوفِيَّة. أما في حالة الصُّوفِيَّة المتأخرين نسبيًا، فهم ممن عُرِفوا من سيرِهِم وكتاباتهم بتصوُّفهم.

الأقوال الصُّوفِيَّة

لقد ركَّزتُ على جمع أقوال الصُّوفِيَّة في التَّوحِيد من أقدم المصادر عن التَّصوُّف، فكان أكثر من استشهدتُ بهم من صُوفِيَّة القرنين الثالث والرابع الهجري (التاسع والعاشر الميلادي). فمنهم مشاهير نَقَلَتْ عنهم المصادرُ الكثير من الأقوال، بما في ذلك عن التَّوحِيد، ومنهم من لا يُعرَف عنه سوى القليل ولم أجد له سوى قولٍ واحدٍ في موضوع هذا الكتاب. وأَضَفتُ أقوالَ عددٍ من صُوفِيَّة القرون اللاحقة المعروفين، وختمتُ أعلامَ التَّصوُّف هؤلاءِ بشيخي مُحَمَّد المُحَمَّد الكَسْنَزَان.

جعلتُ لكلِّ صوفيٍّ فصلًا خاصًّا به، ورتَّبتهم حسب التسلسل الزمني. وخَصَّصتُ أوَّلَ هامشٍ في كلِّ فصلٍ لتحديد متى عاش الصُّوفي، لتوضيح موقعه

الزمني نسبةً إلى أجيال الإسلام الأولى وإلى أزمان المشايخ والعلماء اللاحقين. كما أضفتُ إلى الهامش تفاصيل مختصرة عن الصّوفي، بما في ذلك ذكر بعض من صاحَبَ من أهل التصوُّف وتعلَّمَ على أيديهم.

اخترت هذا المنهج لأنّه يحقّق رؤية الكتاب في شرحِ مركزيّة التَّوحِيد في التَّصوُّف على مَرِّ تاريخه. فالتَّصوُّف يمثّل الجانبَ الروحيَّ للإسلام، ولما كان التَّوْحِيد أولُ أساسَي الإسلامِ، وثانيهما نبوّة مُحَمَّد ﷺ، فإنه كذلك جوهريٌّ في التَّصوُّف.

إنّ واحديّة الإله هي فكرةٌ بسيطةٌ جدًّا تعني وجودَ ربٍّ واحدٍ هو خالقُ كلِّ شيءٍ. ولكنّ تتفرّع من هذه الفكرة مفاهيم ثانوية عميقة، مثل أسماء وصفات الخالق الواحد سبحانه وتعالى وعلاقة الخلق به. لا يمكن لبضعة اقتباساتٍ الإلمام بتفاصيل تلك المفاهيم المُشتَقّة فكانت فكرة الكتاب جمعَ أقوالٍ كثيرةٍ مختلفة. فأقوالُ الصُّوفيَّة التي اخترتها تشرح جوانبَ التَّوحِيدِ المختلفة لتمنح فَهمًا غَنيًّا لأولٍ وآخرٍ، وأخفى وأظهَرٍ، وأعظمِ وأجمل حقيقةٍ: ﴿لَا إِلَٰهَ إِلَّا اللَّهُ﴾ (مُحَمَّد ١٩).

هنالك عدد لا يُحصى من مشايخ الصُّوفيَّة الذين كان من الممكن الاستشهاد بأقوالٍ لهم عن التَّوحِيد، كما كان من الممكن الاستشهاد بمقولاتٍ إضافيّةٍ لمن ذكرتُ منهم. ولكنّي اقتصرتُ على جمع ما رأيتُ بأنه كافٍ وافٍ في نقل فكر الصُّوفيَّة عن التَّوحِيد لتحقيق هدف الكتاب.

من الطبيعي أن تكون هنالك تشابهات بين معاني بعض الأقوال وإن اختلفت في التعبير، ولكن جمالها دفعني إلى الاستشهاد بها كلّها. ففي كثيرٍ من هذه العبارات الصُّوفيَّة رومانسيّة شعريّة وهي تَصِفُ واحديّة الحبيب المعبود عَزَّ وجَلَّ وتُنَزِّهُهُ. فأقوالُ الصُّوفيَّة غالبًا ما تكون خليطًا جذّابًا من علمٍ وجمالٍ؛ مزيجًا فريدًا

من اجتهاداتٍ عقليّة، وتعابيرَ إيمانية، وأحاسيسَ قلبيّة، وتجاربَ روحيّة.

المصادر

استخدمتُ نوعين من المصادر، كُتُبًا تحتوي كلامَ صوفيٍّ واحدٍ وأخرى جَمَعتْ أقوالَ العديدِ منهم. وفيما يلي أقدمُ المصادرِ من النوعِ الأول:

- «نَهْجُ البَلاغَة»، علي بن أبي طالب (ت ٤٠/٦٦١).
- «رسائلُ الجُنَيد»، الجُنَيدُ البغدادي (ت ٢١٥/٨٣١).
- «المَواقِف» و «المُخاطَبات»، مُحَمَّد بن عبد الجبّار النِّفَّري (ت ٣٥٤/٩٦٥).

إن كل مصدَر قديم من هذا النوع من المصادر لم يؤلَّف من قبل الصُّوفيِّ الذي يوثّقُ المصدرُ أقوالَهَ وإنما جُمِعَ بعده، أحيانًا بعدةِ قرونٍ. اقتبستُ من كلِّ كتابٍ بضعةَ نماذجَ من كلماتِ ذلك الصُّوفيِّ في التَّوحِيد.

أما أقدم الكتب التي تجمع أقوالَ صُوفيَّةٍ كثيرين وتستخدم مصطلحي «صُوفي» و «تَصوُّف» فهي كما يلي:

- «اللُّمَع في التَّصوُّف»، أبو نَصْر السَّرّاج الطُّوسي (ت ٣٧٨/٩٨٨)
- «التعرُّفُ لمذهَبِ أهلِ التَّصوُّفِ»، أبو بكر الكلاباذي (ت ٣٨٠/٩٩٠).
- «طبقات الصُّوفيَّة»، أبو عبد الرحمن السُّلَمي (ت ٤١٢/١٠٢٢).
- «حِليَةُ الأَوْلياءِ وطبقاتُ الأصفياءِ»، أبو نعيم الأصفهاني، (ت ٤٣٠/١٠٣٨).
- «الرِّسالة القُشَيرِيّة»، أبو القاسم القشيري (ت ٤٦٥/١٠٧٣).

• «كَشْفُ المحجوب»، علي أبو الحسن الهُجويري (ت ٤٦٥/١٠٧٣).

استخرجتُ من هذه المصادر معظم ما ورد فيها عن التَّوحِيد على لسان مختلف الصُّوفيَّة. وحين ورد قولٌ في أكثر من مصدر، استخدمتُ صيغته التي في المصدر الأقدم، إلا إذا بدا لي بأن نصَّ المصدر الأحدث أكثر دقّة. كما رتّبتُ أقوالَ كلِّ صوفيّ حسب التسلسل التاريخي لمصادرها.

وفي نهاية الكتاب قائمة بكلّ المصادر التي استعنت بها.

الشروحات

لقد أضفت شرحًا إلى كلِّ قولٍ صُوفي. وتباينت هذه التعليقات في طولها وتفصيلها. للتمييز بين القول الصُّوفي وشرحي له، جعلت للقول خلفية مُظلَّلة، كما جعلت الشرحَ بحجم خطٍّ أصغر من حجم خطِّ القول. ووضعتُ الشرحَ بعدَ القولِ، ولكن في بعض الحالات، غالبًا لطولِ القولِ، قمتُ بتجزئة القولِ وإضافةِ شَرحٍ بعد كل جزءٍ. حالات تجزئة القول وشرحه واضحة من السياق وكذلك من كون خاتمة كل قولٍ متبوعةٍ باسم المصدر. لقد وضعت تعليقاتي بعد الأقوال، لا في هوامش أسفل الصفحة، لأنني وجدت هذا الأسلوب أسهل للقراءة، خصوصًا وأن بعض الشروح طويلة.

يقوم كل شرح بتوضيح غموضٍ في اللغة أو تفسير معنى الكلام أو كليهما. والأقوال الأقدم غالبًا ما تكون بحاجة إلى شرح أسهب على الأقل لواحدٍ من أسباب ثلاثة. أولًا، ورودُ القولِ من دون سياقٍ يساعد في توضيحِ معناه. نجد هذه الحالة بالذات في المصادر التي تجمع أقوالَ صُوفيَّة مختلفين عن موضوعٍ معيّن، حيث يركّز المؤلّف عادةً على جمع الأقوال من دون ذكر سياق القول أو تفسيره. ثانيًا، لغة

القول مُقتَضَبة فتحتاج إلى تفسير. ثالثًا، النصُّ الأصليُّ بدون تشكيل، مما يعني أحيانًا إمكانيّة قراءته بأكثر من شكل.

أما كلام الصُّوفيَّة المتأخّرين نسبيًا، فلغته عادةً أوضح. فمثلًا أقوال الشيخ عبد القادِر الجيلاني (ت ٥٦١/١١٦٥) مُقتَبَسة من مواعظَ ألقاها في مدرسته حضرها آلاف من عامة الناس، إضافة إلى علماء. أما كتابات الشيخ ابن عطاء الله السَّكَندَري (ت ٧٠٩/١٣١٠)، فبعضها واضحة، ولكن أقوال كتاب «الحِكَم» بالذات فيها بعض الغموض لأنها مُقتضبة. وقد ركّزتُ في شرحِ كُلِّ قول على ما قد يبدو غامض المعنى. وتجنّبت تكرارَ ملاحظاتٍ ذكرتها في تعليقات سابقة.

قد لا يُستَخدَم مصطلحٌ ما بالضرورة بنفس المعنى تمامًا في الكتابات الصُّوفيَّة المختلفة، وهذا بدوره يعني أيضًا أحيانًا وجود تداخلٍ بين معاني المصطلحات الصُّوفيَّة المختلفة. وليس هذا بأمر غير مُتوقَّع حيث عاش الصُّوفيَّة في أزمان مختلفة بين بعضها قرونًا كثيرة. وأفضل وأشمل مرجع للمفاهيم والمصطلحات الصُّوفيَّة ومعانيها هو الموسوعة الفريدة «موسوعة الكَسْنَزان فيما اصطلح عليه أهل التَّصوُّف والعرفان» لأستاذي الشيخ مُحَمَّد المُحَمَّد الكَسْنَزان.

التَّصوُّفُ والصُّوفيَّة

لما كان الصُّوفيَّة هم موضوع الكتاب، فمن المهم التعريف بـ «صوفيّ» و «تصوّف» لغةً واصطلاحًا ومعنى.

الأصل اللُّغوي

لم يستقر العلماء على رأيٍ واحدٍ بشأن أصل مصطلح «صُوفي». فيذكر أبو بكر الكلاباذي، مؤلّف ثاني أقدم الكتب المتخصّصة في التَّصوُّف، أربعةَ أصولٍ لهذا المصطلح. فمن الآراء فيه هي أنه مشتقٌّ من «صفاء» أسرار الصُّوفيَّة. فيُنسَبُ مثلًا إلى بشر بن الحارث الحافي (ت ٢٢٧/٨٤١) قوله، «الصُّوفيُّ من صفا قلبُه لله»، وإلى آخرِ القولُ بأن «الصُّوفيُّ من صَفَت لله معاملته فصَفَت لهُ من الله عَزَّ وجَلَّ كرامته». ونُسِبَ الاسم إلى كلمة «صَفّ» لأن الصُّوفيَّة «في الصفِّ الأوّل بين يدي الله عَزَّ وجَلَّ بارتفاعِ هِمَمِهم إليه وإقبالِهم بقلوبِهم عليه ووقوفِهم بسرائِرِهم بين يديه».

ومنهم من اشتقّه من «الصُّفَّة» الذي هو مكان في مؤخّرة مسجد النبي ﷺ كان يأوي إليه من لا أهلَ ولا مأوى له من الغرباء والمُهاجرين، فسُمِّي الصُّوفيَّة بهذا الاسم لقرب أوصافهم من أوصاف أهل الصُّفَّة. والنسبة الرابعة هي إلى «الصُّوفِ» لزهد الصُّوفيَّة.[١] والرأي الأخير هو ما فضّلَه أبو نَصْر السَّرّاج الطُّوسي (ت ٣٧٨/٩٨٨)

---

[١] الكلاباذي، «التعرُّفُ لمذهَبِ أهلِ التَصوُّفِ»، ٥.

في أقدم كتابٍ عن التَّصوُّف والصُّوفيَّة، «لأنّ لِبسَة الصُّوف دأب الأنبياء عليهم السلام وشعار الأولياء والأصفياء».[1] ولكن حتى وإن لبس بعض الصُّوفيَّة الصُّوفَ أو استخدمه رمزًا فقد كان هذا حالُ قلّة فقط. أما أبو القاسم القُشيري فيضعّف كلَّ هذه الاشتقاقات لأنه «ليس يشهدُ لهذا الاسم من حيث العربيّة قياسٌ ولا اشتقاقٌ».[2]

تاريخ الاصطِلاح

يرى البعض بأن أول استخدام لمصطلح «صوفي» كلقبٍ لأفرادٍ ربما يعود إلى النصف الأول من القرن الثاني الهجري. فقد ذكر المؤرخ ابن النديم (ت ٩٩٥/٣٨٥) بأن جابر بن حيّان، المعروف بلقب «أبو الكيمياء»، المُتَوَفَّى في نهاية القرن الثاني الهجري، عُرِفَ بلقب «الصُّوفي».[3] هنالك من شكَّكَ بوجود جابر بن حيّان واعتبره شخصية أسطورية، ولكنّ ابن النديم رَفَضَ هذا الادعاء.[4] وقال عبد الرحمن الجامي (ت ١٤٢٤/٨٩٨) بأن أوَّل من أُطلِقَ عليه هذا اللقب هو أبو هاشم الكوفي الصُّوفي، المُتَوَفَّى في عام ٧٦٧/١٥٠، الذي يذكر معاصره سُفيان الثوري تأثّره به.[5] ولكن يروي الطُّوسي عن الحسن البصري (ت ٧٢٨/١١٠) قوله بأنه رأى

[1] الطُّوسي، «اللُّمَع في التَّصوُّف»، ٤٠-٤١.

[2] القُشَيري، «الرِّسالة القُشَيريّة»، ٤٦٤.

[3] ابن النديم، «الفهرست»، ٤٩٨.

[4] أحد الباحثين الحديثين الذين أنكروا وجود جابر بن حيّان هو كامل مصطفى الشِّيبي، «الصِّلة بين التَّصوُّف والتشيُّع»، ٢٦٨.

[5] الجامي، «نفحاتُ الأُنس»، ٦٦-٦٧.

«صوفيًّا في الطواف».[1] ويشير هذا إلى استخدام مصطلح «صُوفي» كوصفٍ منذ نهاية القرن الأول أو بداية القرن الثاني الهجري على أبعد تقدير.

ويُنسَب إلى مالِك بن أنَس (ت ١٧٩/٧٩٥) استخدام هذا المصطلح بصيغة الفعل في قوله، «مَن تَفَقَّهَ ولم يَتَصوّف فقد تَفسَّقَ، ومن تصوَّفَ ولم يتفقّه فقد تَزندَقَ، ومن جَمَعَ بينهما فقد تحقَّقَ».[2] ولكن هنالك الكثير ممن يشكّكون في نسبة هذا القول إلى مالِك لعدم وجوده في كتاباته ولوروده في مصادر متأخّرة فقط.[3]

كما شاع استخدام مصطلح «مُتَصَوِّف» أيضًا. فالصُّوفيُّ هو السالكُ المتبحّرُ في طريق التَّصوُّف، بينما المُتَصَوِّفُ هو المبتدئ على هذا المنهج. فهدف المُتَصَوِّفُ هو أن يصبح صُوفيًّا.

المعنى

ولكن بغض النَّظَر عن الاجتهادات الكثيرة حول أصل مصطلح «تصوّف» فإن معناه في أمّهات الكتب واضح، حيث يشير إلى جَمعِ أسمى السلوكات والأحوال التي تقرّب العبد من الله عَزَّ وجَلَّ. فدخلت تحت هذا المصطلح مختلف الصفاتِ الحميدةِ. فمثلًا، يقول الطُّوسي عن الصُّوفيَّة بأنّهم من بعد «أداءِ الفرائض واجتناب المحارِم» اختصّوا بما يلي:

---

[1] الطُّوسي، «اللُّمَع في التَّصوُّف»، ٤٢.

[2] من معاني «الفُسوق» هو العصيان والخروج على الحق، ومن معاني «الزندقة» هو إظهار الإيمان وإخفاء الكُفر والاعتقاد بعقيدة فاسدة.

[3] أقدم مصدر عثرتُ عليه ينسب هذا القول إلى مالك هو لأحمد بن زَرّوق الفاسي (ت ١٤٩٣/٨٩٩)، «قواعدُ التَّصوُّفِ»، ٢٥.

تركُ ما لا يُعنِيهم، وقَطعُ كُلِّ عِلاقةٍ تحولُ بينَهم وبينَ مَطلوبِهِم ومقصودِهِم، إذ ليس لهم مطلوبٌ ولا مقصودٌ غير الله تبارك وتعالى.

ثم يقول بأن لهم «آدابٌ وأحوالٌ شتّى» منها:

القناعةُ بقليلِ الدُّنيا عن كثيرِها، والاكتفاءُ بالقوتِ الذي لابُدَّ منه، والاختصارُ على ما لابُدَّ منهُ من مهنَةِ الدُّنيا من الملبوسِ والمفروشِ والمأكولِ وغيرِ ذلك، واختيار الفَقرِ على الغِنى اختيارًا، ومُعانقةُ القِلَّةِ ومُجانَبَةُ الكَثرَةِ، وإيثارُ الجوعِ على الشَّبَعِ والقليلِ على الكثيرِ، وتركُ العُلُوِّ والتَّرَفُّعِ، وبذلُ الجاهِ، والشَّفَقَةُ على الخَلقِ، والتواضُعُ للصغيرِ والكبيرِ، والإيثارُ في وقتِ الحاجَةِ إليه، وأن لا يُبالي بمن أَكَلَ الدُّنيا، وحسنُ الظنِّ باللهِ، والإخلاصُ في المُسابَقَةِ إلى الطاعاتِ، والمُسارعةُ إلى جميعِ الخيراتِ، والتوجّهُ إلى اللهِ تعالى والانقطاعِ إليهِ، والعُكوفُ على بلائِهِ والرِّضا عن قضائِهِ، والصَّبرُ على دوامِ المُجاهَدَةِ ومُخالَفَةِ الهَوى، ومُجانَبَةُ حُظوظِ النفسِ والمُخالَفَةُ لها، إذ وصفها اللهُ تعالى بأنّها أمّارةٌ للسوءِ،[1] والنَّظَرُ إليها بأنها أعدى عدوّك التي بين جنبَيكَ،[2] كما رُوِيَ عن رسول الله ﷺ.[3]

ثم يستطرد الطُّوسي في تفصيل آداب وشمائل الصُّوفيَّة.

وأكَّدَ الصُّوفيَّة على أن الالتزام بالشريعة هو أساس الخُلُق والسلوك الصُّوفي، ولذلك شاعت عندهم مقولات مثل قول مالِك بن أنس التي مرَّ ذكرها، «مَن تَفَقَّهَ ولم يَتصوّف فقد تَفَسَّقَ، ومن تصوَّفَ ولم يتفَقّه فقد تَزندَقَ، ومن جَمَعَ بينهما فقد تحقَّقَ». كما استحبّ الصُّوفيَّة واستحسَنوا كلَّ فعلٍ يزيد العبد بُعدًا عن الدُّنيا

---

[1] ﴿وَمَآ أُبَرِّئُ نَفۡسِيٓۚ إِنَّ ٱلنَّفۡسَ لَأَمَّارَةُۢ بِٱلسُّوٓءِ إِلَّا مَا رَحِمَ رَبِّيٓۚ إِنَّ رَبِّي غَفُورٞ رَّحِيمٞ﴾ (يوسف ٥٣).

[2] «أَعْدَى عَدُوِّكَ نفسُكَ التى بين جَنْبَيْكَ» (البيهقي، «الزُّهْدُ الكبير»، ٣٤٣).

[3] الطُّوسي، «اللُّمَع في التَّصوُّف»، ٢٩.

ولذّاتِها وقُربًا من الله عَزَّ وجَلَّ، فطالبوا أنفسهم بأكثر من الحدود الدنيا للشريعة. وعادةً ما يشيرون إلى هذين الحالين المختلفين بتعبيري «الرخصة» و «العزم»، أو «الرخصة العامّة» و «الرخصة الخاصّة»، على التوالي. وهذه الحادثة التي يرويها الشيخ عبد القادِر الجيلاني توضّح حال العزم، أي الرخصة الخاصّة، الذي يطالب به الصُّوفيّ نفسَه:

> مررتُ يومًا على قرية وحولها ذُرَة مزروعة، فمددتُ يدي وأخذتُ قصبةً من قصب الذُّرَة حتى أمصّها، وإذ قد جاءني رجلان من أهل القرية مع كل واحد منهما عصا. فضرباني حتى وقعتُ على الأرض. فعاهدتُ الله عز وجل في تلك الساعة أني لا أعود الى تَرَخُّصٍ فيما يخصّني، لأن الشرعَ قد أباح للمجتازِ على الزرعِ والثمار أن يأكل منها قدرَ الحاجة ولا يأخذ منها شيئًا. فهذه رخصةٌ عامة، ولكنّي لم أُترَك مع هذه الرخصة، وطُولِبْتُ بالعزيمةِ ودقيقِ[1] الوَرَع.[2]

فبدل أن يشتكي الشيخ عبد القادِر من اعتداء الرجلين عليه لتناوله حقًّا شرعيًّا له، رأى فيما حَدَثَ تذكرةً بأنه من الذين لا تَصِحُّ لهم ما رخَّصَت الشريعة لعامّة المسلمين بل وَجَبَ عليه حذرُ ووَرَعُ أهل الخصوص. فمثلًا، لم يكن الشيخ ليتيقّن من أن تلك الذُّرَة لم تكن قد زُرِعَت على أرض مغتَصَبة أو بجهودٍ لم تُدفَع أجورُها، وبالتالي يكون في غذائها سُمًّا من الحرام.

وكطَلَبِ غيره من العلوم الإسلامية، يتطلب سلوك التَّصوُّف صحبة أستاذ من أصحاب الباع فيه والتعلّم منه. بل إنَّ دور الصحبة في التَّصوُّف أكبر من دورها في

---

[1] يمحّص الأمر بدقّةٍ وتفصيلٍ كي يكون ورعه كاملًا.

[2] الجيلاني، «جِلاء الخاطِر»، ٢٥-٢٦.

باقي العلوم لأن التَّصوُّفَ ليس علمًا فكريًّا ومعلوماتيًّا فقط، ولكنّه علمٌ سلوكيٌّ وخبراتيٌّ لتنقية النفس من العيوب وتحليتها بجميل الصفات. فدراسة التَّصوُّف من دون ممارسته لا تجعل المرء صوفيًّا، لأن التَّصوُّف هو علمٌ وسلوكٌ. ولذلك كثيرًا ما يشير الصُّوفيَّة إلى قصّة موسى مع الخَضِرِ العميقة بدلالاتها لتوضيح خُصوصيّة الصُّحْبة والتعلّم في التَّصوُّف.[١]

[١] فتّوحي، «التَّصوُّفُ في الطَّريقَةِ العَلِيَّةِ القادِريَّةِ الكَسْنَزانيَّةِ»، ١٧-٣٨.

التَّوحِيد

قبل أن نبدأ بدراسة أقوال الصُّوفيَّة في التَّوحِيد، هذه مقدّمة قصيرة عن مكانةِ التَّوحِيد في الإسلام والتَّصوُّفِ وما تعرَّضَ له بعض الصُّوفيَّة من اتهاماتٍ ظالمةٍ في سلامَةِ توحيدهم.

أساسُ الإسلامِ

يمثّل الإيمان بوَحدانيّةِ اللهِ تعالى أساسَ الإسلام، فأبسط تعريف للإسلام هو أنه التسليم للخالق الواحد عزَّ وجَلَّ. فقوله سبحانه وتعالى، ﴿لَآ إِلَٰهَ إِلَّا ٱللَّهُ﴾ (مُحَمَّد ١٩)، يصف هذه الحقيقة الأبدية السرمديّة، بينما قوله عَزَّ وجَلَّ في شهادة الإسلام الثانية، ﴿مُّحَمَّدٌ رَّسُولُ ٱللَّهِ﴾ (الفَتح ٢٩)، يشير إلى أوسع وآخر بابٍ إلى حقيقة التَّوحِيد.

وعبَّرَ القرآنُ عن مختلف أوجه التَّوحِيد بآيات كريمة كثيرة. فمنها آيات تصفُ اللهَ بأنّه واحد، ﴿إِنَّمَا ٱللَّهُ إِلَٰهٌ وَٰحِدٌ﴾ (النِساء ١٧١)؛ الخالق لكلِّ ما وُجِدَ وموجودٌ وسوف يوجد، ﴿ٱللَّهُ خَٰلِقُ كُلِّ شَىْءٍ﴾ (الزُّمَر ٦٢)؛ المَلِكُ المالِكُ لكلِّ شيء، ﴿بِيَدِهِۦ مَلَكُوتُ كُلِّ شَىْءٍ﴾ (يس ٨٣)؛ رازق الخلق، ﴿وَمَا مِن دَآبَّةٍ فِى ٱلْأَرْضِ إِلَّا عَلَى ٱللَّهِ رِزْقُهَا﴾ (هود ٦)؛ صاحب الإرادة الأعلى، ﴿إِنَّ ٱللَّهَ يَفْعَلُ مَا يُرِيدُ﴾ (الحجّ ١٤)، وغير ذلك من أوجه التَّوحِيد الكثيرة.

كما نبَّهَ القرآن إلى أنه لو كان هنالك أكثر من إلهٍ لما كان هذا التناسق والانسجام في الخلْق وقوانين الطبيعة والكون بشكل عام، ﴿وَمَا كَانَ مَعَهُۥ مِنْ إِلَٰهٍ إِذًا لَّذَهَبَ كُلُّ إِلَٰهٍ

بِمَا خَلَقَ وَلَعَلَا بَعْضُهُمْ عَلَىٰ بَعْضٍ سُبْحَٰنَ ٱللَّهِ عَمَّا يَصِفُونَ﴾ (المؤمنون ٩١). لذلك فإنّ استمرارَ الخلقِ هو بحد ذاته دليلٌ على واحديّة الإله، ﴿لَوْ كَانَ فِيهِمَآ ءَالِهَةٌ إِلَّا ٱللَّهُ لَفَسَدَتَا فَسُبْحَٰنَ ٱللَّهِ رَبِّ ٱلْعَرْشِ عَمَّا يَصِفُونَ﴾ (الأنبياء ٢٢).

وتستبين جوهريّة التَّوحِيد في الإسلام أيضا من الوصف القرآني للشِّركِ، الذي هو عكس التَّوحِيد، بأنه الذنب الوحيد الذي لا يغفره سُبحانه وتَعالى، ﴿إِنَّ ٱللَّهَ لَا يَغْفِرُ أَن يُشْرَكَ بِهِ وَيَغْفِرُ مَا دُونَ ذَٰلِكَ لِمَن يَشَآءُ وَمَن يُشْرِكْ بِٱللَّهِ فَقَدْ ضَلَّ ضَلَٰلًا بَعِيدًا﴾ (النساء ١١٦). ويؤكّد تعبير ﴿مَا دُونَ ذَٰلِكَ﴾ بأن الشِّركَ هو أعظم الذنوب.

وطبعًا وردت الكثير من الأحاديث الشريفة في توحيد الله عَزَّ وجَلَّ. ففي حديث يؤكد بأن التَّوحِيد هو جوهر رسالة كل نبيّ، وَصَفَ الرسولُ ﷺ ذِكرَ «لَا إِلَهَ إِلَّا اللَّهُ وَحْدَهُ لَا شَرِيكَ لَهُ» بأنه «أفْضَلُ مَا قُلْتُ أَنَا وَالنَّبِيُّونَ مِنْ قَبْلِي».[1] كما قال ﷺ عن شهادة التَّوحِيد، «إِنَّ اللَّهَ قَدْ حَرَّمَ عَلَى النَّارِ مَنْ قَالَ «لَا إِلَهَ إِلَّا اللَّهُ» يَبْتَغِي بِذَلِكَ وَجْهَ اللَّهِ».[2] وظَهَرَ التَّوحِيدُ في كل أفعالِ وأقوالِ وأحوالِ أُسْوَةِ المسلمين ﷺ ليعلّمهم تجسيدَ التَّوحِيدِ قولًا وفعلًا. فمثلًا، قال في الدعاء عند الوضوء، «مَا مِنْكُمْ مِنْ أَحَدٍ يَتَوَضَّأُ فَيُبْلِغُ (أو فيُسبِغُ)[3] الْوُضُوءَ ثُمَّ يَقُولُ «أَشْهَدُ أَنْ لاَ إِلَهَ إِلَّا اللَّهُ وَأَنَّ مُحَمَّدًا عَبْدُ اللَّهِ وَرَسُولُهُ» إِلَّا فُتِحَتْ لَهُ أَبْوَابُ الْجَنَّةِ الثَّمَانِيَةُ يَدْخُلُ مِنْ أَيِّهَا شَاءَ».[4] وكانت تلبيته في الحجّ، «لَبَّيْكَ اللَّهُمَّ لَبَّيْكَ، لَبَّيْكَ لاَ شَرِيكَ لَكَ لَبَّيْكَ، إِنَّ الْحَمْدَ وَالنِّعْمَةَ لَكَ

---

[1] مالك، «المُوَطَّأ»، ٧٢٦.

[2] البخاري، «الصَّحيح»، ٤١٩.

[3] يوصِلهُ مواضِعَهُ فيكون الوضوءُ تامًّا.

[4] مسلم، «الصَّحيح»، ٢٣٤.

وَالْمُلْكَ، لاَ شَرِيكَ لَكَ».[1] وكان يقول عند الكَرَبِ، «لاَ إِلَهَ إِلّا اللّهُ الْعَظِيمُ الْحَلِيمُ، لاَ إِلَهَ إِلّا اللّهُ رَبُّ الْعَرْشِ الْعَظِيمِ، لاَ إِلَهَ إِلّا اللّهُ رَبُّ السَّمَوَاتِ وَرَبُّ الأَرْضِ وَرَبُّ الْعَرْشِ الْكَرِيمِ».[2]

إنّ جوهريّة التَّوحِيد في القرآن الكريم وسنّة النبي مُحَمَّد ﷺ واضحةٌ تمامًا ولذلك أجمع عليه كلُّ علماء المسلمين، على مَرِّ التاريخ، أيًا كانت مذاهبهم وعقائدهم. فلم ينكر أحدٌ منهم بأن التَّوحِيد هو أساس الإسلام.

ويُستَخدَم مصطلح «التَّوحِيد» بمعنيين متقاربين ومرتبطين. فهو يشير إلى «الإيمان» بواحديّة الإله عَزَّ وجَلَّ وإلى «العمل» بعقيدة لا إله إلا الله سبحانه وتعالى. فالتَّوحِيد هو إقرار المخلوق عِلمًا وعَمَلًا بواحديّة الخالِق.

وقبل أن ندرس اجتهادات العلماء في تفصيل مفهوم التَّوحِيد وأقوال الصُّوفيَّة فيه، هنالك حقيقة بالغة الأهمية يجب إلقاء الضوء عليها. أنزل الله عَزَّ وجَلَّ الإسلامَ لجميع الناس دون استثناء. فلما كان التَّوحِيد أساس الإسلام، تحتّم أن يكون التَّوحِيدُ بسيطًا واضحًا يمكن فهمه وتطبيقه من قبل حتى أبسط الناس. وفعلًا، التَّوحِيدُ يعني التسليم بعدمِ وجودِ إلهٍ سوى الله. فاختلاف العلماء مقتصر على اجتهادهم في فروعٍ لهذا الأصل البسيط والمُبين الذي لا لَبَسَ فيه.

قلبُ الفكرِ والسلوكِ الصُّوفيِّ

قبل الحديث عن ما يقوله الصُّوفيَّة عن التَّوحِيد، من الضروري تذكّر أن التَّصوُّف هو منهج من السلوكاتِ والأحوالِ الحميدة التي تقرّب العبد من ربّه عَزَّ وجَلَّ. فهو

---

[1] مالك، «المُوَطَّأ»، ١١٩٢.

[2] البخاري، «الصَّحيح»، ٦١٢١.

التَّوْحِيدُ عِنْدَ الصُّوفيَّة

ليس منهجًا عَقَديًّا من تفسيراتٍ معينة لعناصر الإيمان كحال المدارس العَقَديّة مثل المعتزلة والأشعرية. ولكن أقوال الصُّوفيَّة تبيّن تبنّيهم للأفكار العَقَديّة التي تُعرَف عادة بمنهج أهل السُّنَّة.

تكلّم الصُّوفيَّة كثيرًا عن جوهريَّة التَّوحِيد في الإسلام. وفي إسهابهم في شرحِه، اتخّذوا القرآنَ مَصْدرًا والرسولَ مُحَمَّد ﷺ أُسوةً، كما فَرَضَ اللهُ على كلِّ مسلمٍ، ﴿لَّقَدْ كَانَ لَكُمْ فِي رَسُولِ ٱللَّهِ أُسْوَةٌ حَسَنَةٌ لِّمَن كَانَ يَرْجُواْ ٱللَّهَ وَٱلْيَوْمَ ٱلْآخِرَ وَذَكَرَ ٱللَّهَ كَثِيرًا﴾ (الأحزاب ٢١). فمثلًا، كتب أبو القاسم القُشَيري الملخّص التالي في بداية رسالته الشهيرة عن التَّصوُّف التي ألّفها في عام ٤٣٧/١٠٤٥:

> أن شيوخَ هذه الطّائفة بنوا قواعِدَ أمرِهِم على أصولٍ صحيحةٍ في التَّوحِيد، صانوا بها عَقائدَهم عن البِدَعِ ودانوا[١] بما وَجَدوا عليه السَّلَفَ وأهلَ السُّنَّةِ من توحيدٍ ليس فيه تمثيلٍ ولا تَعطيلٍ. وعَرَفوا ما هو حَقُّ القِدَم، وتحقّقوا بما هو نَعْتُ الموجودِ عن العَدَمِ.[٢]

و«التمثيل» الذي يذكر القُشَيري رفض الصُّوفيَّة له هو تشبيه اللهِ بشيء، ومن أشكال التمثيل ما يُعرَف بـ «التجسيم» وهو الادعاء بأن لله جِسم. أما «التعطيل»، فهو نفيُ قِدَمِ أسماء الله عَزَّ وجَلَّ، مثل «العليم» و «الحي»، ونفيُ قِدَمِ صِفاتِه لتلك الأسماء، مثل «العِلم» و «الحياة». وقبل القُشيري بأكثر من نصف قرنٍ، كتب أبو بكر الكلاباذي بأن الصُّوفيَّة أجمعوا على أن الله «موصوفٌ بكل ما وصَفَ به نفسَهُ من صفاتِه، مُسمَّى بكُلِّ ما سَمّى به نفسَهُ، لم يزَلْ قديمًا باسمائِهِ وصِفاتِهِ، غيرُ

[١] جعلوا دينَهم.

[٢] القُشَيري، «الرِّسالة القُشَيريّة»، ٢٤.

مشبهٍ للخلقِ بوجهٍ من الوجوهِ». [1]

قالَ المعتزلة بتعطيل قِدَمِ الأسماء والصفات لأنهم احتجّوا بأن في أزلِيَّتها شِرْكًا بالله، فالله عندهم عليمٌ بذاته لا بعِلمٍ، وسميعٌ بذاته لا بسمعٍ، وهكذا، وإن اختلفوا في تفاصيل حُججِهم. [2] بعض أقوال الصُّوفيَّة في هذا الكتاب تذكر رفضهم التعطيل في سياق إسهابهم في وصف التَّوحِيد. ولخّص علي بن الكاتِب (ت تقريبا ٩٥١/٣٤٠) بدقّة الخلاف بين الصُّوفيَّة والمعتزلة بقوله، «المُعتَزِلةُ نَزَّهوا الله تعالى من حيثِ العقلِ فأخطأوا، والصُّوفيَّة نَزَّهوهُ من حيثِ العِلمِ فأصابوا». [3] فالمعتزلة اعتمدوا على العقل في تحليل أسماء وصفات الله في القرآن الكريم فوصلوا إلى تعطيلها.

أما الصُّوفيَّة، فيرون بأن العقلَ محدودٌ قاصرٌ عن التعمّق في الذات الإلهية وأن تنزيه الله عَزَّ وجَلَّ حقّ تنزيهه يتطلّب إيقاف العقل عند حدوده وقبول وصف الله لذاته من دون إفراط في التحليل. وهذا الإدراك لمحدوديّة حواس وفهم الإنسان جعل الصُّوفيَّة في غاية الحذرِ عند الكلام عن الله، فأكثروا من ذكرِ جهلِ المخلوق بماهيّة الخالِق، ونفوا أن يكون له شبيه ونظير وقرين ومضادٍ، ونزّهوه عن كل شيء على الإطلاق. فالتَّوحِيد عندهم يجمع عدمَ إمكانيّة مَعرفةِ أو وَصْفِ ماهيّةِ الله، أو ما يُعرَف بـ «اللاهوت السَّلبي»، مع إثبات صفاته وآثاره في خلقه وإمكانيّة وصفها،

---

[1] الكلاباذي، «التعرُّفُ لمذهَبِ أهلِ التَّصوُّفِ»، ١٣.

[2] يشرح القاضي عبد الجبّار (ت ١٠٢٥/٤١٥) آراء المعتزلة في كتابه «شرح الأصول الخمسة»، ١٤٩-٢٩٧. انظر أيضا كتاب عبد القاهر البغدادي (ت ١٠٣٧/٤٢٩) «الفَرْق بين الفِرَق»، ١٠٤، ٢٨٨.

[3] القُشَيري، «الرِّسالة القُشَيرِيّة»، ١١٢.

أي «اللاهوت الإيجابي». ولذلك كثيرًا ما يستشهد الصُّوفيَّة بالآية الكريمة التالية التي تجمع بشكل رائع بين نفي التشبيه وإثبات الصفات والأسماء، ﴿لَيْسَ كَمِثْلِهِ شَيْءٌ وَهُوَ السَّمِيعُ الْبَصِيرُ﴾ (الشّورى ١١). فنصفها الأول، ﴿لَيْسَ كَمِثْلِهِ شَيْءٌ﴾، ينفي التشبيهَ عن الله عَزَّ وجَلَّ، بينما نصفها الثاني، ﴿وَهُوَ السَّمِيعُ الْبَصِيرُ﴾، يثبتُ صفاتَه وأسماءَه. ونجد الجمع بين إثباتِ ونفيِ صفاتِ الله واضحًا أيضًا في سورةِ الإخلاص، ﴿قُلْ هُوَ اللَّهُ أَحَدٌ ① اللَّهُ الصَّمَدُ[1] ② لَمْ يَلِدْ وَلَمْ يُولَدْ ③ وَلَمْ يَكُن لَّهُ كُفُوًا أَحَدٌ ④﴾.[2]

ويشير قول القُشَيري «وعَرَفوا ما هو حَقُّ القِدَم» إلى تسليم الصُّوفيَّة بربوبيّة وواحديّة الخالق الأزلي الأبدي، الله سبحانه وتعالى، حيث إنَّ القِدَمَ صفته وحده، فكل ما غيره حادِثٌ ظَهَرَ في وقت ما. ويعني قوله «وتحقَّقوا بما هو نَعْتُ الموجودِ عن العَدَمِ» إلى تحلّيهم طوعًا بأوصاف العبوديّة، بينما كلّ شيءٍ هو عبدٌ كَرهًا. وبعد استشهاده بأقوالِ صُوفيَّةٍ في التَّوحِيد، خَتَمَ القُشَيري فصل التَّوحِيد بالقول بأن، «عقائد مشايخ الصُّوفيَّة توافق أقاويل أهل الحق في مسائل الأصول».[3]

قبل الاستمرار في الحديث عن مفاهيم الصُّوفيَّة، أود أن أوضّح سريعًا أمرًا غاية

---

[1] طرح العلماء عدة معانٍ لاسم الله «الصَّمَد»، منها «المقصود بالحوائج» و «الباقي بعد فناء خلقه» و «المُستَغني عن كل أحدٍ والمُحتاجُ إليه كلُّ أحدٍ». ومعنى الصَّمَد الذي أميل إليه هو «القائمُ بذاتِه» فهو غنيٌّ عن غيره (القرطبي، «الأسنى في شَرحِ أسماءِ الله الحُسنى»، ج ١، ١٧٧-١٨٦).

[2] من أوائل من كتب بالتفصيل عن الاختلافات الكثيرة بين فِرَق المسلمين، بما فيها المعتزلة، حول مسائل مثل «التمثيل» و «التعطيل» هو أبو الحسن الأشعري (ت ٩٤١/٣٣٠) في «مقالات الإسلاميّين واختلاف المُصلّين» وعبد القاهر البغدادي في «الفَرْق بين الفِرَق».

[3] القُشَيري، «الرِّسالة القُشَيرِيّة»، ٣٦.

في الأهمية. إن الاختلافات بين علماء وفِرَق المسلمين حول تفاصيل أسماء وصفات الله وغيرها من أمور العقيدة هي في أصلها اختلافات في تفسير نصوصٍ قرآنية. وهذه الاختلافات هي أمرٌ طبيعيٌّ لأنه حتى إذا رأى معظم الناس نصًّا ما بأنه واضحٌ ولا يقبل سوى تفسير واحد، فهنالك دائما من يفهمه بشكل مختلف، حتى وإن بَدَت تفسيراتُهم البديلةُ ركيكة، مُستبَعَدة جدًّا، أو خاطئة تمامًا في نَظَرِ الأغلبيّةِ. وأحيانًا يمكن التوفيق بين التفسيرات المختلفة، مما يعني وجود أكثر من معنى للنصّ الواحد، ولكن في أحيانٍ أخرى تكون التفسيرات المختلفة متناقضة. فكون كلّ نصّ تقريبًا يُعطى أكثر من تفسير هو واقع لا خلاف عليه حيث تشهد له كتابات العلماء، فالاختلاف هو حول تحديد التفسير الذي يبدو صائبًا أو الأقرب إلى الصواب. فتفسيرُ أيِّ نصٍّ قرآنيٍّ هو اجتهادٌ بشريٌّ في شرحِ نصٍّ إلهيٍّ، والاجتهاد كثيرًا ما يؤدي إلى تفسيرات متباينة. لذلك، أنا أعتقد بمبدأ ألخّصه بعبارة «لا تَكْفيرَ في التَّفسيرِ».

ويمكن استنتاج هذا المبدأ أيضًا من أن الإيمان في الرسالة المُحَمَّديّة قائم على ستة أركان، هي الإيمان بكلٍّ من الله وملائكته وكتبه ورسله واليوم الآخر والقَدَر. وفيما يلي آية تذكر خمسة من أركان الإيمان في سياق حكمها على من يكفر بها، ﴿وَمَن يَكْفُرْ بِٱللَّهِ وَمَلَٰٓئِكَتِهِۦ وَكُتُبِهِۦ وَرُسُلِهِۦ وَٱلْيَوْمِ ٱلْءَاخِرِ فَقَدْ ضَلَّ ضَلَٰلًۢا بَعِيدًا﴾ (النساء ١٣٦)، فيما يَرِدُ مفهومُ القَدَر في آيات مثل، ﴿مَآ أَصَابَ مِن مُّصِيبَةٍ فِى ٱلْأَرْضِ وَلَا فِىٓ أَنفُسِكُمْ إِلَّا فِى كِتَٰبٍ مِّن قَبْلِ أَن نَّبْرَأَهَآ إِنَّ ذَٰلِكَ عَلَى ٱللَّهِ يَسِيرٌ﴾ (الحديد ٢٢). كما عرّف الرسول ﷺ الإيمان كما يلي، «أَنْ تُؤْمِنَ بِاللَّهِ وَمَلاَئِكَتِهِ وَكُتُبِهِ وَرُسُلِهِ وَالْيَوْمِ الآخِرِ

وَتُؤْمِنَ بِالْقَدَرِ خَيْرِهِ وَشَرِّهِ».[1] فليس لتفسيرٍ أن ينقضَ إيمانَ المُفسِّرِ إذا لم يكن مخالفًا لأحدِ الأركانِ الستة.

والتَّوحِيدُ عند الصُّوفيَّة درجاتٌ، كما هو أمر الإيمان. فبدايةُ التَّوحِيدِ هي الإقرار بعدم وجود إله سوى الله، وأعلى درجاته هي أن يرى الموحِّدُ كلَّ الخلقِ، بما في ذلك نفسه، آلةً بيده عَزَّ وجَلَّ. وعبّر الشيخ عبد القادِر الجيلاني عن هاتين الحالتين كما يلي:

في البدايةِ عند ضَعْفِ الإيمانِ ﴿لَآ إِلَٰهَ إِلَّا ٱللَّهُ﴾ وفي النهايةِ عند قُوَّةِ الإيمان «لَّآ إِلَٰهَ إِلَّآ أَنتَ» (الأنبياء ٨٧)، لأنَّهُ مُخاطِبُ حاضِرٍ مُشاهَدٍ.[2]

فالسلوكُ الصُّوفيُّ هو السير من نقطة الانطلاق التي هي التَّوحِيد اللِّساني نحو الغاية التي هي التَّوحِيد الشُّهودي، حيث يحاول السالكُ قطعَ أكبر ما يستطيع من هذه الرحلة الروحيّة.

انتقاد واتّهام الصُّوفيَّة

لِمَ إذًا تعرَّض بعض الصُّوفيَّة إلى الانتقاد والتشكيك في توحيدِهِم بل وحتى التكفير؟ هنالك ثلاثة أسباب رئيسة. **أولًا**، سوء فهم وصف الصُّوفيَّة لحالة الفناء الروحي، والتي هي الاستسلام الكلّي لله عَزَّ وجَلَّ، أي الإسلام الكامل، وهو تحقيق حال العبوديّة التامّة، ﴿وَمَا خَلَقْتُ ٱلْجِنَّ وَٱلْإِنسَ إِلَّا لِيَعْبُدُونِ﴾ (الذاريات ٥٦). وقد وضَّحَ أبو حامِد الغَزالي (ت ٥٠٥/١١١١) سوء الفهم هذا، ذاكرًا بعض أشهر

[1] مسلم، «الصَّحيح»، ٨.

[2] الجيلاني، «الفَتْحُ الرَّبّاني»، المجلس الثاني والستّون، ٢٦٦.

الأقوال في الفناء التي تعرَّضَت لتشويه معانيها:

الْعَارِفُونَ – بعدَ الْعُرُوجِ إلى سَمَاءِ الْحَقِيقَةِ – اتَّفَقُوا على أنهم لم يَرَوْا في الْوُجُودِ إلا الْوَاحِدَ الْحَقَّ. لكنْ منهم من كان له هذا الْحَالُ عِرْفَانًا عِلْمِيًّا،[١] ومنهم من صار له ذلك حَالًا ذَوْقِيًّا.[٢] وانتفَتْ عنهم الْكَثْرَةُ بِالْكُلِّيَّةِ واسْتَغْرَقُوا بِالْفَرْدَانِيَّةِ الْمَحْضَةِ واسْتُوفِيَتْ[٣] فيها عُقُولُهُمْ فَصَارُوا كَالْمَبْهُوتِينَ فيه. ولم يَبْقَ فيهم مُتَّسَعٌ لا لِذِكْرِ غَيْرِ اللَّهِ ولا لِذِكْرِ أَنْفُسِهِمْ أيضًا. فلم يَكُنْ عِندَهم إلا اللَّهُ، فَسَكِرُوا سُكْرًا رُفِعَ دُونَهُ سُلْطَانُ عُقُولِهِمْ، فقالَ أَحَدُهُمْ، «أنا الْحَقُّ» وقالَ الْآخَرُ، «سُبْحَانِي ما أَعْظَمَ شَأْنِي»، وقالَ آخَرُ، «ما في الْجُبَّةِ إلا اللَّهُ».[٤]

واستطرد الغزالي بأن سوء الفهم نَتَجَ أيضًا من معاملة الأقوال الصُّوفيَّة الرمزية وكأنها كلام حرفي. فبعضُ كلامِهم يكادُ يكونُ نثرًا شعريًا، ولغة الشعر كثيرًا ما تكون رمزيّة:

وَكَلامُ الْعُشَّاقِ في حَالِ السُّكْرِ يُطْوَى[٥] ولا يُحْكَى. فلما خَفَّ عنهم سُكْرُهُمْ وَرُدُّوا إلى سُلْطَانِ الْعَقْلِ، الذي هو مِيزَانُ اللهِ في أَرْضِهِ، عَرَفُوا أَنَّ ذلك لم يَكُنْ حَقِيقَةَ الاتِّحَادِ

---

[١] قاده العلم إلى أن يعيش حقيقة أن الله فقط هو واجِبُ الوجود وأن كل شيء غيره موجودٌ بإذنه.

[٢] مَرَّت عليه تجاربُ روحية أيضًا جعلته يعيش تلك الحقيقة.

[٣] أُخِذَت أخذًا تامًّا.

[٤] يُنسَبُ قولا «أنا الحقُّ» و «ما في الجُبَّةِ إلا الله» إلى الحلّاج (ت ٣٠٩/٩٢٢) ولكن الغزالي يوحي بأنهما لشخصين مختلفين. أما «سُبحاني ما أعظم شأني»، فيُنسَبُ إلى أبي يزيد البَسْطامي (ت ٢٦١/٨٧٥).

[٥] يُكتَم.

بل شَبَهَ الاتِّحَادِ، مِثْلُ قَوْلِ الْعَاشِقِ في حَالِ فَرْطِ عِشْقِهِ، «أنا مَنْ أَهْوَى ومَنْ أَهْوَى أنا».[١]

ويُشار إلى هكذا كلام للصوفيَّة بتعبير «شَطَحات». والشَّطْحُ في اللغة هو التباعد والاسترسال. وحين يُستَخدم في الحديث عن التَّصوُّف فإنه يعني البُعدُ عن المألوفِ. وقد عرَّفَ الطُّوسي «شطحةَ» الصُّوفيّ بأنّها «عِبارةٌ مُستَغرَبة في وصفِ وَجدٍ فاضَ بقوَّتِهِ وهاجَ بشِدَّةِ غليانِهِ وغُلبَتِهِ».[٢] فهي مقولة غريبة على السمع غَلَبت الأحاسيسُ العقلَ في صياغتها، أحيانًا لكونها وليدة تجربة روحية يصعب وصفها بعبارات مألوفة. فالشطحة ليست نتيجة عقيدة باطلة كما يدّعي البعض ممن وقع في سوءِ الفَهْم أو جَنَحَ لسوءِ الظنّ. فهذا الحَلّاج، مثلًا، يشتكي ممن ظلموه بسوءِ فَهمِهِم لكلامِهِ وتشويهِهِ بتفسيراتٍ تخالِفُ العقلَ:

ما لي وللناسِ كم يَلحَونَني[٣] سَفَهًا[٤] دِيني لِنَفسي ودينُ الناسِ للناسِ[٥]

ويجدر ذكر أن من الصُّوفيَّة أيضًا من اعترض على بعض كلام الحَلّاج، فقال السُّلَمي فيه، «والمشايخ فِي أمره مُخْتَلفُونَ. رَدَّه أَكثرُ الْمَشَايِخ ونفوهُ وَأَبوا أَن يكونَ لَهُ قَدَمٌ فِي التَّصوُّفِ»، لكنّه لم يذكر اسم أحدٍ من ناقدي الحَلّاج بينما ذكر أسماء بعض من دافع عنه.[٦] كما أن تضمين السُّلَمي للحَلّاج في كتابه الذي جمع فيه

---

[١] الغزالي، «مِشكاةُ الأنوارِ»، ١٣٩.

[٢] الطُّوسي، «اللُّمَع في التَّصوُّف»، ٤٥٣.

[٣] يلومونني.

[٤] جَهْلًا وحُمُقًا وبشكل غير عقلاني.

[٥] الحلاج، «ديوان الحلاج»، ١٨٠.

[٦] السُّلَمي، «طَبَقاتُ الصُّوفيّة»، ٢٣٦.

سِيَر وأقوال كِبار الصُّوفيَّة يعني بأنه مع الذين يدفعون عنه التُّهَم. أما عبد القادِر الجيلاني، الذي له مكانة رفيعة عند المُتَصوِّفين وغير المُتَصوِّفين، فقد حلَّلَ ولخَّصَ حالة الحَلّاج بدقّة حين قال، «عَثَرَ الحَلّاجُ فَلَم يكن فِي زَمَنه من يَأْخُذ بِيَدِهِ، وَلَو كنتُ فِي زَمَنه لأخذتُ بِيَدِهِ». ففي وصف شطحات الحَلّاج بأنها عثرة لا أكثر تأكيد على سلامة عقيدة الحَلّاج وفي الوقت نفسه إشارة إلى أن بعض أقواله كانت قابلة لسوء فهم خطير يمكن أن يؤدي إلى نتائج وخيمة. وأكّد الشيخ عبد القادِر حُكمَهُ هذا في تعليقٍ آخر عن الحَلّاج.[١] ويبدو أن ابن تَيميّة أشار إلى هذا الحكم للشيخ عبد القادِر حين وصف رأي المدافعين عن الحَلّاج بأنه «كان رجلًا صالحًا صحيحَ السلوكِ لكن غَلَبَ عليه الوجدُ والحالُ حتى عَثَرَ في المقالِ ولم يدرِ ما قالَ».[٢] ورغم انتقاد ابن تَيميّة لبعض كلام الحَلّاج فإنّه ذكر بأن هنالك الكثير مما نُسِبَ إليه كذبًا وأن بعضَ كلامِهِ حُمِّلَ من المعاني أكثرَ مما يحتمل.[٣]

ثانيًا، إن بعض كلام الصُّوفيَّة فيه الكثير من الرمزية واللغة الخاصّة، ومن أشهر الأمثلة هو كتابات مُحيي الدين ابن عَرَبي. فحين يقرأ هذه الكتابات من لا دراية له بالمفاهيم والتعابير الخاصّة لابن عَرَبي، يصبح سوءَ فَهم كتاباته الغامضة أمرًا شبه محتوم. ويشير شيخي، مُحَمَّد المُحَمَّد الكَسْنَزان، في مقدمة موسوعته عن التَّصوُّف إلى أنه بحلول منتصف القرن التاسع الهجري (الخامس عشر ميلادي) كانت أدبيات الصُّوفيَّة قد أغنَت المكتبة الإسلامية بـ «ثروة هائلة وكم لا يكاد يُحصَر

---

[١] ابن الوَرْدي، «تاريخ ابن الوَرْدي»، ٣٥٥-٣٥٦.

[٢] ابن تَيميّة، «الاستقامة»، ج ١، ١١٦.

[٣] ابن تَيميّة، «الاستقامة»، ج ١، ١١٩.

من المصطلحات والألفاظ والمفاهيم الصُّوفيَّة» حتى أمكن القول «بأن لغة دينية تكاملت في الظهور هي «اللغة الصُّوفيَّة الإسلامية»». ثم يستطرد منتقدًا ما تعرَّضت له من «حملات لتشويه مفردات هذه اللغة وتأويلها وصرفها عن مقاصدها الإسلامية الحقّة».[1]

ثالثًا، اقتطاع كلام الصُّوفيّ من سياق أقواله وكتاباته الأخرى وحياته بشكل عام. فمثلًا، كَتَبَ ابنُ عَرَبي بإسهابٍ عن وَحدانيّة وربوبية الله وعبودية كل شيء آخر له. كما عاش هؤلاء الصُّوفيَّة حياةً إسلاميّةً خالِصةً أكثرَوا فيها من العبادة، ومما يعنيه هذا أنهم كانوا يردّدون باستمرار شهادة التَّوحِيد، ﴿لَا إِلَٰهَ إِلَّا اللَّهُ﴾. إن التشكيك في صحّة توحيد هؤلاء الناس لله أو اتّهامهم بالتجديف على الله، ناهيك عن رميهم بادّعاء الألوهيّة، هو سفاهة تخالف أقوالَهم وسلوكَهم وأحوالَهم. فتفسير كلامِ أيِّ صوفيّ يجب أن يكون في سياق فكره العام وحياته، وهذا حقّ أساسي لكلِّ عالِم وصاحب فكرٍ.

هذا لا يعني بأنه لم يوجد من نَسب نفسه إلى التَّصوُّف بغيرِ حَقٍّ من غير أن يماثلهم في السُّلوكِ والأحوالِ والأقوالِ. بل حتى في وقت مبكّر هو الثلث الأول من القرن الخامس الهجري (الحادي عشر الميلادي) اشتكى القُشَيري بأنّه كتب رسالته في التَّصوُّف لأنّ رجالَهُ قلّوا وادّعى الكثيرون التَّصوُّف كذبًا وخالفوا منهجَ الصُّوفيَّة ونَسَبوا إلى التَّصوُّف ما ليس منه.[2]

ولكن ليس بين رجال التَّصوُّف المعروفين من حقَّ عليه مثل هكذا انتقاد. كما

---

[1] مُحَمَّد المُحَمَّد الكَسْنَزان، «موسوعة الكَسْنَزان فيما اصطلح عليه أهل التَّصوُّف والعرفان»، ٥٣.

[2] القُشَيري، «الرِّسالة القُشَيرِيّة»، ١٩-٢١.

يجب التمييز بين قلّة ضالّة من مُدَّعي التَّصوُّف والصُّوفيَّة الصّادِقين، الذين يعود تاريخهم إلى أول جيل من المسلمين. وحتى ابن تَيميّة، الذي أحيانًا يفتقر فكره إلى المرونة ويستخدم لغةً نقدية قاسية، مَيّزَ بين مدّعي التَّصوُّف كَذِبًا والصُّوفيَّة، الذين اثنى عليهم.[1] بل ويُرى احترامه الكبير للشيخ عبد القادِر الجيلاني في روايته لكراماتٍ له في حياته وبعد وفاته[2] وشرحِهِ لكتابه «فُتوح الغيب». إن وجود أفرادٍ لا يمثّلون حقًّا ما يدّعون من فكرٍ هو حالة بشرية تُرى في جميع الطوائف والفِرَق، دينية وغير دينية. بل وكم من متحدّث باسم الإسلام تجنّى على دين الله وادّعى عليه ما ليس فيه، فليس من العدل أو المعقول جعل ذلك مأخذًا على الإسلام أو المسلمين.

بعد هذه المقدّمة، نستهلُّ رحلتَنا مع أقوال مشايخ التَّصوُّف مع أستاذِهم الأكبر بعد الرسول مُحَمَّد ﷺ، الإمام عَلِيِّ بِن أَبي طالِب (كرَّمَ الله وجَهه).

---

[1] ابن تيميّة، «مجموع فتاوى»، كتاب «التَّصوُّف»، ج ١١.

[2] ابن تيميّة، «مجموع فتاوى»، كتاب «توحيد الألوهية»، ج ١، ١٧٢؛ كتاب «علم السلوك»، ج ١٠، ٥٤٩-٥٥٠.

عَليّ بِن أَبي طالِب*

الْحَمْدُ لِلَّهِ الَّذِي لَا يَبْلُغُ مِدْحَتَهُ[1] الْقَائِلُونَ، وَلَا يُحْصِي نَعْمَاءَهُ الْعَادُّونَ، وَلَا يُؤَدِّي حَقَّهُ الْمُجْتَهِدُونَ. الَّذِي لَا يُدْرِكُهُ بُعْدُ الْهِمَمِ وَلَا يَنَالُهُ غَوْصُ الْفِطَنِ.[2]

لا يمكن لمخلوقٍ أن يعطي الله حقَّ قدرَه ولا أن يدرك حقيقته مهما بَذَلَ من جُهدٍ وتفكّرٍ.

الَّذِي لَيْسَ لِصِفَتِهِ حَدٌّ مَحْدُودٌ وَلَا نَعْتٌ مَوْجُودٌ وَلَا وَقْتٌ مَعْدُودٌ وَلَا أَجَلٌ مَمْدُودٌ. فَطَرَ الْخَلَائِقَ بِقُدْرَتِهِ وَنَشَرَ الرِّيَاحَ بِرَحْمَتِهِ وَوَتَّدَ

---

* ٢٣ ق هـ-٤٠/٥٩٩-٦٦١. نشأ في كَنَف النبي ﷺ وتربّى على يديه. تتفق المصادر على أن السيدة خديجة بنت خُوَيلِد زوجة الرسول ﷺ كانت أول من أسلم من النساء ولكنها تختلف حول ما إذا كان علي أو أبو بكر الصدّيق أول المسلمين من الرجال. ولكن من المنطقي أن النبي ﷺ أخبر عائلته أولًا ببعثته، فكان عليٌّ وخديجةُ أوّلَ مُسلِمَين. كان عُمرُ علياً عند نزول القرآن حوالي ثلاث عشرة سنة. وتَفرَّدَ بين الصحابة بلقبِ «كَرَّمَ اللهُ وَجْهَهُ» لأنه لم يسجد لصنمٍ. ولعليٍّ مكانةٌ فريدةٌ عند الصُّوفيّة، فباستثناء الطريقة النَّقشبَنديّة التي تنتسب إلى أبي بكرٍ، تعود جميع طرق التَّصوُّف إلى علي كونه وارث العلوم الروحية للنبي ﷺ الذي مما قاله في حقّه، «أَنَا مَدِينَةُ الْعِلْمِ وَعَلِيٌّ بَابُهَا، فَمَنْ أَرَادَ المدينَةَ فَلْيَأْتِ البَابَ» (الحاكِم، المُستَدرك، ٤٦٣٧).

[1] المِدْحة هي قصيدة مديح.

[2] «الْهِمَم» جمع «هِمّة» التي هي العزم القوي. «الفِطَن» جمع «فِطْنة»» التي هي الحِذْقُ والمَهارة وبُعد البَصَر.

بِالصُّخُورِ مَيَدَانَ أَرْضِهِ.

نعوت الله مُطلقَةٌ غير محدودة، قديمة أبديّة كقِدَمِه وأبديّته، وهي ما وصف به نفسه من أسماءٍ وصفاتٍ في القرآن. فهو فريدٌ بصفاته وأسمائه.

أَوَّلُ الدِّينِ مَعْرِفَتُهُ، وَكَمَالُ مَعْرِفَتِهِ التَّصْديقُ بِهِ، وَكَمَالُ التَّصْدِيقِ بِهِ تَوْحِيدُهُ، وَكَمَالُ تَوْحِيدِهِ الإخلاصُ لَهُ، وَكَمَالُ الإخلاصِ لَهُ نَفْيُ الصِّفَاتِ عَنْهُ، لِشَهَادَةِ كُلِّ صِفَةٍ أَنَّها غَيْرُ المَوْصُوفِ وَشَهَادَةِ كُلِّ مَوْصُوف أَنَّهُ غَيْرُ الصِّفَةِ. فَمَنْ وَصَفَ اللهَ سُبْحَانَهُ فَقَدْ قَرَنَهُ، وَمَنْ قَرَنَهُ فَقَدْ ثَنَّاهُ،[1] وَمَنْ ثَنَّاهُ فَقَد جَزَّأَهُ، وَمَنْ جَزَّأَهُ فَقَدْ جَهِلَهُ،

لا يوصَف الخالِقُ بأوصاف الخلق المخلوقة الزائلة.

وَمَنْ جَهِلَهُ فَقَدْ أَشَارَ إِلَيْهِ، وَمَنْ أَشَارَ إِلَيْهِ فَقَدْ حَدَّهُ، وَمَنْ حَدَّهُ فَقَدْ عَدَّهُ.

لا يُشارُ إلى شيءٍ إلا إذا كان مَحدودًا مكانًا وزمانًا.

وَمَنْ قَالَ «فِيمَ؟» فَقَدْ ضَمَّنَهُ، وَمَنْ قَالَ «عَلامَ؟»[2] فَقَدْ أَخْلَى مِنْهُ.

ليس الله في أو على شيءٍ، ولكن لا يعني هذا وجود مكان يخلو منه.

---

[1] «قَرَنَهُ» يعني ربطه بشيءٍ، و «ثَنَّاهُ» يعني جَعَلَه اثنين.

[2] «فِيمَ» و «عَلامَ» هما أداتا استفهام مُركَّبتان. تعني الأولى «في ما»، وتعني الثانية «على ما» و «لماذا».

كائِنٌ لاَ عَنْ حَدَثٍ،

«الحَدَث» هو الوجود أو الوقوع أو الخلق في وقت لم يكن قبله الشيء أو الأمر موجودًا. وعكسه هو «القِدَم»، ويعني الأزَل. واسم المفعول من الأول هو «مُحْدَث»، أي مخلوق أو مصنوع في وقت معيّن، والصفة من الثاني هو «قديم»، وتشير في سياقٍ كهذا إلى الدائم الوجود الذي ليس لوجوده بداية، أي اللّٰه عَزَّ وجَلَّ. سيمرّ بنا مفهوما ومصطلحا «حَدَث» و «قِدَم» في عددٍ من الأقوال الصُّوفيَّة.

مَوْجُودٌ لاَ عَنْ عَدَمٍ.

نفيُ وجودِه عن حَدَثٍ لا يعني بأنه وُجِدَ من عَدَم. نفي كل الاحتمالات البديلة عند الكلام عن أمر يخص اللّٰه عَزَّ وجَلَّ، كنفي وجوده من الشَّيئيّة أو العَدَميّة، هو أسلوب لغويٌّ دَرَج الصُّوفيَّة على استخدامه للتأكيد بأننا لا نستطيع أن نفكّر في وجود اللّٰه بمفاهيمنا.

مَعَ كُلِّ شَيْءٍ لاَ بِمُقَارَنَة، وَغَيْرُ كُلِّ شيء لا بِمُزَايَلَة.

هو مع كل شيء من غير ارتباطٍ به، وهو بعيد عن كل شيء من غير مفارقةٍ له.

فَاعِلٌ لا بِمَعْنَى الْحَرَكَاتِ وَالآلَةِ.

خلافًا للخلق، فعله ليس بالحركة والاستعانة بأدوات.

بَصِيرٌ إذْ لاَ مَنْظُورَ إلَيْهِ مِنْ خَلْقِهِ. مُتَوَحِّدٌ إذْ لاَ سَكَنَ يَسْتَأْنِسُ بِهِ

وَلاَ يَسْتَوْحِشُ لِفَقْدِهِ («نَهْجُ البَلاغَة»، ١).[1]

وحيدٌ لا يجد أُنسًا بشيءٍ أو ألفةً مع شيءٍ ولا يشعر بوحشةٍ لفقدان شيءٍ.

الحَمْدُ لِلَّهِ الَّذِي لَمْ تَسْبِقْ لَهُ حَالٌ حَالًا فَيَكُونَ أَوَّلًا قَبْلَ أَنْ يَكُونَ آخِرًا وَيَكُونَ ظَاهِرًا قَبْلَ أَنْ يَكُونَ بَاطِنًا.

إن التغيير هو حال كُلِّ محدَثٍ، فهو سُنّة الله في خلقه. أما القديم، الله عَزَّ وجَلَّ، فلا يتغيّر. أي تناقض ظاهري بين صفاته، كالأول والآخر والظاهر والباطن، ليس بتعارض حقيقي. فلكلِّ اسم من أسماء الله الحُسنى معانٍ فريدة، وصفاته هذه دائمة فلا تعني بأنه ذو أحوال متغيّرة.

كُلُّ مُسَمًّى بِالْوَحْدَةِ غَيْرَهُ قَلِيلٌ،

وَحْدَة أي مخلوق تعني ضعفه لكونه بلا أعوان. ولكن هذا لاينطبق على وَحْدَةِ الله عَزَّ وجَلَّ لأنّ قوتّه المطلقة لا مصدر لها غيره.

وَكُلُّ عَزِيزٍ غَيْرَهُ ذَلِيلٌ، وَكُلُّ قَوِيٍّ غَيْرَهُ ضَعِيفٌ. وَكُلُّ مَالِكٍ غَيْرَهُ مَمْلُوكٌ، وَكُلُّ عَالِمٍ غَيْرَهُ مُتَعَلِّمٌ، وَكُلُّ قَادِرٍ غَيْرَهُ يَقْدِرُ وَ يَعْجَزُ.

لله وحدِه الصفاتُ بإطلاقِها وكمالِها ودوامِها لأنه مهما عَظُمَت صفاتُ المخلوقِ

---

[1] كل الاقتباسات هي من كتاب «نهج البلاغة» الذي جمع فيه الشريف الرضيّ كلامًا للإمام علي بعد حوالي ثلاثة قرون ونصف من عصره. الرقم في مصدر كل اقتباس هو رقم الخطبة، لا رقم صفحتها في المصدر.

تبقى محدودة وناقصة وعُرْضة للتغيير لأنّه عبد مملوك تحت حكمُ خالقِه وربِّه عزَّ وجَلَّ، ﴿كُلُّ شَيْءٍ هَالِكٌ إِلَّا وَجْهَهُ﴾ (القصص ٨٨).

وَكُلُّ سَمِيعٍ غَيْرَهُ يَصَمُّ عَنْ لَطِيفِ الْأَصْوَاتِ، وَيُصِمُّهُ كَبِيرُهَا، وَيَذْهَبُ عَنْهُ مَا بَعُدَ مِنْهَا. وَكُلُّ بَصِيرٍ غَيْرَهُ يَعْمَى عَنْ خَفِيِّ الْأَلْوَانِ وَ لَطِيفِ الْأَجْسَامِ.

الله وحدُهُ يُدرِكُ كلَّ شيءٍ، فهو السميعُ لكلِّ شيءٍ البصيرُ بكُلِّ شيءٍ.

وَكُلُّ ظَاهِرٍ غَيْرَهُ بَاطِنٌ، وَكُلُّ بَاطِنٍ غَيْرَهُ غَيْرُ ظَاهِرٍ.

كلُّ ظاهِرٍ هو مخلوقٌ يشير إلى خالقِه، فهو باطنٌ مقارنةً بالظهورِ المُطلَقِ لله عزَّ وجَلَّ. الله سبحانه وتعالى هو الباطِنُ الوحيدُ الذي هو ظاهرٌ أيضًا لأن خلقه هو آيات تدلّ عليه.

لَمْ يَخْلُقْ مَا خَلَقَهُ لِتَشْدِيدِ سُلْطَانٍ، وَلَا تَخَوُّفٍ مِنْ عَوَاقِبِ زَمَانٍ، وَلَا اسْتِعَانَةٍ عَلَى نِدٍّ مُثَاوِرٍ، وَلَا شَرِيكٍ مُكَاثِرٍ، وَلَا ضِدٍّ مُنَافِرٍ، وَلَكِنْ خَلَائِقُ مَرْبُوبُونَ،[1] وَعِبَادٌ دَاخِرُونَ.

لم يخلق الخلقَ لحاجة به إليهم على شيء أو أحد، بل خلَقَهُم عبادًا أذلاءَ في حاجةٍ دائمة إلى ربّهم، ﴿وَمَا خَلَقْتُ ٱلْجِنَّ وَٱلْإِنسَ إِلَّا لِيَعْبُدُونِ ۝٥٦ مَآ أُرِيدُ مِنْهُم مِّن رِّزْقٍ وَمَآ أُرِيدُ أَن يُطْعِمُونِ﴾ (الذاريات ٥٦-٥٧).

[1] «مُثاوِر» يعني «مواثِب» و «مُحارِب»، «منافِر» يعني «مُخاصِم»، و «مَربوب» يعني «له ربٌّ يملكه».

لَمْ يَحْلُلْ فِي الْأَشْيَاءِ فَيُقَالَ، «هُوَ فيها كَائِنٌ»، وَلَمْ يَنْأَ عَنْهَا فَيُقَالَ، «هُوَ مِنْهَا بَائِنٌ».

هو قريبٌ من الأشياء من غير أن يخالطها، وهو بعيدٌ عنها من غير أن يفارقها.

لَمْ يَؤُدْهُ خَلْقُ مَا ابْتَدَأَ وَلَا تَدْبِيرُ مَا ذَرَأَ،[1] وَلَا وَقَفَ بِهِ عَجْزٌ عَمَّا خَلَقَ، وَلَا وَلَجَتْ عَلَيْهِ شُبْهَةٌ فِيمَا قَضَى وَقَدَّرَ. بَلْ قَضَاءٌ مُتْقَنٌ، وَعِلْمٌ مُحْكَمٌ، وَأَمْرٌ مُبْرَمٌ.

لا يُتعِبُه الخلقُ ولا إدارةُ ما خَلَق، ولا يُعجِز شيءٌ إرادتَه في خلقه. هو عالِمٌ مُطْلَقُ العِلمِ فلا يشتبهُ عليه شيءٌ. فقضاؤه لا عيبَ فيه، وعِلمُهُ كاملٌ لا جهلَ فيه، وحكمُهُ جارٍ لا رَدَّ له.

الْمَأْمُولُ مَعَ النِّقَمِ، الْمَرْهُوبُ مَعَ النِّعَمِ («نَهْجُ البَلاغَة»، ٦٣).

الذي تُرجى رحمَتُهُ وقتَ المصائب ويُخافُ عِقابُهُ وقتَ الأفضال.

لَا يَشْغَلُهُ شَأْنٌ، وَلَا يُغَيِّرُهُ زَمَانٌ، وَلَا يَحْوِيهِ مَكَانٌ، وَلَا يَصِفُهُ لِسَانٌ («نَهْجُ البَلاغَة»، ١٧٦).

---

[1] خَلَقَ وكَثَّرَ.

لا يُشغِلهُ أمرٌ عن غيرِه من الأمور، وليس بعُرْضة للزمان أو المكان، وهو مُنزَّهٌ عن الوصف.

مَا وَحَّدَهُ مَنْ كَيَّفَهُ، وَلَا حَقِيقَتَهُ أَصَابَ مَنْ مَثَّلَهُ، وَلَا إِيَّاهُ عَنَى مَنْ شَبَّهَهُ، وَلَا صَمَدَهُ[1] مَنْ أَشَارَ إِلَيْهِ وَ تَوَهَّمَهُ.

نِسبَةُ حالٍ إليه يخالف توحِيدَه، ومن الضلالة وصفه بأنّه مثلُ شيءٍ ما، ولا يمكن أن يكون هو المقصود إذا شُبِّهَ بأحدٍ، أُشيرَ إليه، أو تُخيِّلَ.

كُلُّ مَعْرُوفٍ بِنَفْسِهِ مَصْنُوعٌ، وَكُلُّ قَائِمٍ فِي سِوَاهُ مَعْلُولٌ.

كلُّ معروفٍ مخلوقٍ، وكلُّ موجودٍ يعتمد في وجوده على غيره. أما الله، فلا يُعرَف كما تُعرَف الأشياء، وهو قائمٌ بنفسه لا بغيره.

فَاعِلٌ لَا بِاضْطِرَابِ آلَةٍ، مُقَدِّرٌ لَا بِجَوْلِ فِكْرَةٍ، غَنِيٌّ لَا بِاسْتِفَادَةٍ.

خلافًا لما معروف عن المخلوقات، حيّة وغير حيّة، ليس فعله بتحريك آلاتٍ، وليس تدبيره بالتفكير، وليس غِناهُ بكسبٍ. لا تُفهم صفاته كما تُفهم صفات خلقه.

لا تَصْحَبُهُ الْأَوْقَاتُ، ولا تَرْفِدُهُ[2] الْأَدَوَاتُ. سَبَقَ الْأَوْقَاتَ كَوْنُهُ، وَالْعَدَمَ وُجُودُهُ، وَالِابْتِدَاءَ أَزَلُهُ.

هو خارج حدود الوقت، فسَبَقَ الوقت والعَدمَ وكلَّ بدايةٍ وجودُه. ولا يحتاج

---

[1] قَصَدَهُ.

[2] تدعَمُه وتسندُه.

للمساعدة.

بِتَشْعِيرِهِ الْمَشَاعِرَ عُرِفَ أَنْ لَا مَشْعَرَ لَهُ، وَبِمُضَادَّتِهِ بَيْنَ الْأُمُورِ عُرِفَ أَنْ لَا ضِدَّ لَهُ، وَبِمُقَارَنَتِهِ بَيْنَ الْأَشْيَاءِ عُرِفَ أَنْ لَا قَرِينَ لَهُ («نَهجُ البَلاغَة» ١٨٤).

كونه خالق الحواسّ والأضداد والأقران يعني أنّ لا حاسّة ولا ضدّ ولا قرين له.

جَعْفَر الصّادِق*

من زَعَمَ أنّ اللهَ في شيءٍ أو من شيءٍ أو على شيءٍ فقد أشْرَكَ. إذْ لو كانَ على شيءٍ لكانَ مَحمُولًا، ولو كانَ في شيءٍ لكانَ مَحْصُورًا، ولو كان مِن شيءٍ لكانَ مُحْدَثا («الرِّسالة القُشَيريّة»، ٣٥).

أي وصفٍ مكانيٍّ لله سبحانه وتعالى هو شِركٌ لأن المكان صفة المخلوق. كلُّ شيئٍ مُحدَثٌ بينما الخالق عَزَّ وجَلَّ قديم أزليّ أبديّ.

* ٨٠-١٤٨/٧٠٠-٧٦٦. حفيد علي زين العابدين ابن الإمام الحسين الشهيد ويرجع نسب أمّه إلى أبي بكر الصّدّيق. الإمام السادس لدى الشيعة الاثنا عشريّة والإسماعيليّة. كان أبو حنيفة النعمان ومالك بن أنس من طلّابه. صاحب مذهب فقهي معروف باسمه، الجعفَري.

أحمد بن عاصم الأنطاكي*

اعْمَلْ على أَن لَيْسَ فِي الأَرْض أحَدٌ غَيْرُك وَلَا فِي السَّمَاءِ أحَدٌ غيرُه
(«طَبَقاتُ الصُّوفيَّة»، ١٢٠).

لا تنشَغِلْ بأحدٍ من خلقِ الأرضِ أو عالمَ الروحِ، كالمَلَكِ والأرواحِ والجِنِّ. اجعل شغلك الشاغل أن تكون عبدًا لربّك عَزَّ وجَلَّ.

* ١٤٠-٢٣٩/٧٥٨-٨٥٤. عاش في دمشق، وكان من أقران بِشر الحافي وسَرِيِّ السَّقَطي. كان يُلَقَّب بـ «جاسوس القلوب» لقوّة فراسته.

الحارِثُ بنُ أَسَدٍ المُحاسِبِي*

المُحاسَبَةُ والمُوازَنَةُ فِي أَرْبَعَةِ مَوَاطِن: فِيمَا بَيْنَ الإِيمَانِ وَالكُفْرِ، وَفِيمَا بَيْنَ الصِّدْقِ وَالكَذِبِ، وَبَيْنَ التَّوْحِيدِ والشِّرْكِ، وَبَيْنَ الإِخْلَاصِ والرِّياءِ («طَبَقاتُ الصُّوفيَّة»، ٦٠).

الحالة الروحيّة للإنسان تعتمد على ما كَسَبه من كُلٍّ من أربعة أزواج من الصفات المتناقضة، فيجب على المسلم الحرص على كسب الطيّبات منها وتجنّب نقيضاتها. فالمسلم الكامل يجمع الإيمان والصدق والتَّوحيد والإخلاص.

---

* ١٧٠-٢٤٣/٧٨٧-٨٥٨. من أهل البصرة وتُوُفِّيَ في بغداد. لُقِّب بـ «المُحاسِبِي» لأنّه كان كثير الحِسابِ لنفسه. كان الجُنَيد البغدادي أحدُ من رَوَى عنه. له كُتب كثيرة وصلنا بعضها.

ذو النُّون المصري*

[التَّوْحِيدُ هو] أن تَعلَم أنَّ قدرة الله تعالى في الأشياء بلا مِزاج وصُنعِه للأشياء بلا عِلاج،

يدبّر الله خلقَه من دون مخالطة أو واسطة.

وعِلَّةُ كلِّ شيء صُنْعِهِ ولا عِلَّة لصُنْعِهِ.

القوانينُ الطبيعيةُ، التي تحكمُ الحيَّ والميّتَّ، وذكاءُ وقدراتُ المخلوقاتِ الحيّةِ هي أسباب الحوادث في الكون. وهي من خلق الله، ﴿وَٱللَّهُ خَلَقَكُمْ وَمَا تَعْمَلُونَ﴾ (الصافّات ٩٦)، ولا تحدثُ إلا بإذنه، ﴿وَمَا تَشَآءُونَ إِلَّآ أَن يَشَآءَ ٱللَّهُ رَبُّ ٱلْعَٰلَمِينَ﴾ (التكوير ٢٩). أما خلق الله عَزَّ وجَلَّ لهذه الأسباب فلا سبب له سوى إرادته، ﴿إِنَّ ٱللَّهَ يَفْعَلُ مَا يَشَآءُ﴾ (الحجّ ١٨)، والإرادة الإلهية لا ردَّ لها، ﴿إِنَّ رَبَّكَ فَعَّالٌ لِّمَا يُرِيدُ﴾ (هود ١٠٧).

وليس في السموات العُلى ولا في الأرضين السفلى مُدبِّرٌ غير الله تعالى، ومهما تَصَوَّر وهمُك فالله تعالى بخِلاف ذلك («اللُّمَع في التَّصوُّف»، ٤٩).

* ١٧٩-٢٤٥/٧٩٦-٨٦٠. اسمه ثَوبان بن إبراهيم. وُلِدَ في أخْميم وتُوُفِّيَ في الجيزة، مصر.

اللهِ عصيٌّ على أن يدركه العقل حتى تخيّلًا.

طلَبَ منه رجلٌ أن ينصحه فقال، «إن كُنتَ أُيِّدْتَ في علمِ الغيب بصِدقِ التَّوْحِيد، فقد سَبَق لكَ قبلَ أن تُخلَقَ، من لَدن آدم عليه السلام إلى يومك هذا، دَعوةُ النبيينَ والمرسلينَ، فذلك خيرٌ لك. وإن تَكُن غير ذلك فأنّى يُنْقِذُ النداءُ الغَرقى؟» («اللُّمَع في التَّصوُّف»، ٣٣٥).

دعا الأنبياءُ والرُّسُلُ الناسَ إلى توحيد الله. فمن لم يكن من أهل التَّوحِيدِ في عِلمِ الله، فلن تنفعه نصيحةُ ناصحٍ، ومن لم يكن موحِّدًا فلا نجاة له.

لم أرَ شَيْئا أبْعَثُ لطلبِ الإِخْلَاص من الوَحْدَة، لِأَنَّهُ إذا خلا لَمْ يرَ غير الله تَعَالَى، فَإِذا لم يرَ غَيرَه لم يُحرِّكه إِلَّا حُكم الله. وَمن أَحَبَّ الخلْوَة فقد تَعَلَّق بعمود الإِخْلَاص، واستمسك بِرُكْنٍ كَبيرٍ من أَرْكانِ الصدْق («طَبَقاتُ الصُّوفيَّة»، ٣٠).

أقرب طريق للإخلاص في توحيدِ الله هو الخلوة، ففي غياب الخَلقُ يسهل على المرءِ أن يعيش حقيقة أن الله هو الموجود الحق الوحيد وأن كل الخَلْقِ موجودين بقدرته. وحين يصلِ المُختلي إلى هذا الحال يصبح مسلمًا كاملًا لا يقوم إلا بما يُرضي الله عَزَّ وجَل. والخلوة هي ركيزة الإخلاص وأساس لا غِنى عنه للصِّدْق. كان النبي مُحَمَّد ﷺ يختلي قبل نزول القرآن عليه، وبعد نزول الوحي كان يقوم الليل، فقيام الليل هو خلوة مع الله.

احْذَرْ أَنْ تَنْقَطِعَ عَنْهُ فَتَكُونَ مَخْدُوعًا... لِأَنَّ الْمَخْدُوعَ مَنْ يَنْظُرُ

إِلَى عَطَايَاهُ فَيَنْقَطِعَ عَنِ النَّظَرِ إِلَيْهِ بِالنَّظَرِ إِلَى عَطَايَاهُ... تَعَلَّقَ النَّاسُ بِالْأَسْبَابِ وَتَعَلَّقَ الصِّدِّيقُونَ بِوَلِيِّ الْأَسْبَابِ... عَلَامَةُ تَعَلُّقِ قُلُوبِهِمْ بِالْعَطَايَا طَلَبُهُمْ مِنْهُ الْعَطَايَا، وَمِنْ عَلَامَةِ تَعَلُّقِ قَلْبِ الصِّدِّيقِ بَوَلِي الْعَطَايَا انْصِبَابُ الْعَطَايَا عَلَيْهِ وَشَغْلُهُ عَنْهَا بِهِ... لِيَكُنِ اعْتِمَادُكَ عَلَى اللَّهِ فِي الْحَالِ لَا عَلَى الْحَالِ مَعَ اللَّهِ... اعْقِلْ فَإِنَّ هَذَا مِنْ صَفْوَةِ التَّوْحِيدِ («حِلْيَةُ الأَوْلِيَاءِ»، ج ٩، ٣٥١).

التَّوْحِيدُ الْخَالِصُ هو عدم الانشغال عن الله تعالى بأي شيء، بما في ذلك أفضالِه، والتوكّلُ الدائم عليه، لا في أحوالٍ معيّنة فقط.

سُئِلَ عن قوله تعالى: ﴿الرَّحْمَنُ عَلَى الْعَرْشِ اسْتَوَى﴾ (طه ٥). فقال: «أَثْبَتَ ذاتَه ونَفى مكانَه،

تؤكّد الآية الكريمة بأن الله مَلِكُ ومالِكُ كُلَّ شيءٍ وتفنّد الظنّ بوجوده في مكانٍ معيّن.

فهو موجودٌ بذاتِهِ، والأشياءُ موجودةٌ بحُكمِهِ، كما شاءَ سبحانَه» («الرِّسالة القُشَيريّة»، ٣٤).

يُشار إلى الله عز وجل بتعبير «واجب الوجود» لأنه أزليٌّ أبديٌّ، فلا بداية لوجوده ولا نهاية، ﴿هُوَ ٱلْأَوَّلُ وَٱلْآخِرُ﴾ (الحديد ٣)، ولا يعتمد وجوده على غيره. بينما كل مخلوق «جائز الوجود»، أي يمكن أن يوجد أو لا يوجد، وفقًا لإرادة الله عَزَّ وجَلَّ.

أبو يَزيد البَسْطامي*

من أشارَ إليهِ بعِلمٍ فقد كَفَرَ لأنَّ الإشارةَ بعِلمٍ لا تَقَعُ إلا على معلومٍ. ومن أشارَ إليهِ بمَعرفِةٍ فقد ألْحَدَ، لأنَّ الإشارَةَ بالمَعرِفَةِ لا تَقعُ إلا على مَحدودٍ («اللُّمَع في التَّصوُّف»، ٢٩٥).

الكُفرُ هو إنكار الحقّ، فهو عكسُ الإيمان، كما في قوله عَزَّ وجَلَّ، ﴿وَإِذَا قِيلَ لَهُمْ آمِنُوا بِمَا أَنزَلَ اللَّهُ قَالُوا نُؤْمِنُ بِمَا أُنزِلَ عَلَيْنَا وَيَكْفُرُونَ بِمَا وَرَاءَهُ وَهُوَ الْحَقُّ مُصَدِّقًا لِّمَا مَعَهُمْ﴾ (البقرة ٩١). أما الإلحاد فهو الحيود عن الحقِّ، فمثلًا تأمر الآية الكريمة التالية المؤمنين بدعاء الله بأسمائه الحُسنى التي عرّفها القرآن الكريم وتنهاهم عن مناداته بما لفّقه الكافرون من أسماءٍ له، ﴿وَلِلَّهِ الْأَسْمَاءُ الْحُسْنَىٰ فَادْعُوهُ بِهَا وَذَرُوا الَّذِينَ يُلْحِدُونَ فِي أَسْمَائِهِ سَيُجْزَوْنَ مَا كَانُوا يَعْمَلُونَ﴾ (الأعراف ١٨٠).

ادّعاءُ علمٍ بالله غير ما أخبرَ به عن نفسِه في وحيه هو كُفرٌ لأنه ادّعاء كاذب. وكذلك ادّعاء معرِفته هو إلحاد، أي زيغٌ عن الصواب، لأنّ معرفة شيءٍ تعني الإحاطة به بينما اللهُ غيرُ محدودٍ.

غالبًا ما يميّز الصُّوفيَّة بين مفهومي «العِلْم» و «المَعْرِفة». فالعلم مفهوم عام يشمل كل ما يُمكن تعلّمه، بما في ذلك العلوم الدينيّة. والعلمُ بالشيء يعني الدراية به

* ١٨٨-٢٦١/٨٠٤-٨٧٥. كان جدُّهُ مجوسيًا ثم أسلَمَ. وُلِدَ وتُوُفِّيَ في بَسطام في إيران، حيث يوجد قبره.

ولكن لا يعني بالضرورة العملَ به، فلا يصفُ العلمُ حالًا سُلوكيًّا. أما المعرفة، فتصفُ علومًا روحيةً خِبراتيةً مُكتَسَبةً من حالِ القربِ من الله عَزَّ وجَلَّ. لهذا فإنَّ «العارِفَ» هو وصفٌ خاصٌ أكبرُ من وصفِ «عالِم» لسببين. أولًا، المعرفة أعمقُ وأكبر من العلم. ثانيًا، العارِفَ عامِلٌ بعلمِه، قريبٌ من الله، بينما ليس العالِمُ كذلك ضرورة. فاستخدام الصُّوفيَّة لمصطلح «معرفة» ومشتقّاته يكون في سياق الكلام عن أحوال طاعة الله وعبادته والقرب منه. وتظهر رِفعَة «المعرفة» على «العلم» حين يُذكر المفهومان في سياق واحد. فمثلًا يقول البَسطامي، «الْعَارِفُ فَوْقَ مَا يَقُولُ وَالْعَالِمُ دُونَ مَا يَقُولُ»، أي أن حالَ العارِفِ أعظمُ مما يصرّحُ به من قول بينما قول العالِمِ أكبرُ من حالِهِ. ثم يُكمِلُ ليبيّن تميّزَ العارِفِ عن العالِمِ بقربه من الله فيقول، «الْعَارِفُ يُلَاحِظُ رَبَّهُ وَالْعَالِمُ يُلَاحِظُ نَفْسَهُ بِعِلْمِهِ».[1]

اختلافُ العُلماءِ رَحمةٌ إلا في تَجْريدِ التَّوْحِيدِ («طَبَقاتُ الصُّوفيَّة»، ٧٠).

لابدَّ من الاجتهاد لدراسة كتاب الله عَزَّ وجلَّ والسُّنَّة الشريفة وللتفقّه في الدين وتفصيل أموره وأحكامه. الاجتهاد يؤدي حتمًا إلى آراء مختلفة، وتعدّدية الآراء هي رحمةٌ للمسلمين في كل أمور الدين باستثناء التجريد الذي يتطلّبه التَّوْحِيد، وهو تجنّب الانخداع بالأسباب والتوكّل على ربّ الأسباب. ربّما في قول البَسْطامي إشارة لطيفة إلى الحديث الشريف «اختِلافُ أُمَّتي رحمَةٌ».[2] رَفَضَ البعضُ نسبة هذا

---

[1] الأصبهاني، حِليَة الأولياء، ج ١٠، ٣٩.

[2] الغزالي، «إحياءُ عُلومُ الدينِ»، ٣٦.

القول إلى النبي ﷺ لورودِهِ بلا سَنَد، ولكن جاء عن ابن عبّاس الحديثُ الشبيه «اختلافُ أصحابي لكم رحمة».[1]

[1] البيهقي، «المدخَلُ إلى علمِ السُّنَن»، ١٢٤٨.

سَهْل بن عبد اللّٰه التُّسْتَرِي*

لَيْسَ فِي خَزَائِنِ اللَّهِ أَكْبَرُ مِنَ التَّوْحِيدِ («حِليَةُ الأوْلياءِ»، ج ١٠، ١٩٦).

أكبر نعمةٍ يغدقها الله على عبدٍ هي نعمة توحيدِهِ عَزَّ وجَلَّ.

الْخَلْقُ كُلُّهُمْ بِاللَّهِ يَأْكُلُونَ وَفِي عِبَادَتِهِ غَيْرَهُ يُشْرِكُونَ («حِليَةُ الأوْلياءِ»، ج ١٠، ١٩٧).

رزقُ جميع الخلق هو من الله ولكنّهم يتوكّلون على غيره وهذا نوعٌ من الشِّرك.

ذاتُ الله تعالى موصوفةٌ بالعِلْمِ، غيرُ مُدْرَكَةٌ بالإحاطَةِ، ولا مَرْئيّةٌ بالأبصارِ في دارِ الدنيا، موجودةٌ بِحقائِقِ الإيمان مِن غيرِ حَدٍّ ولا إحاطةٍ ولا حُلولٍ. وتراه العيونُ في العُقبى ظاهرًا وباطِنًا في مُلْكِهِ وقُدْرَتِهِ. قَد حَجَبَ الخلقَ عن مَعرفةِ كُنْهِ ذاتِهِ، وَدَلَّهُم عليه بآياتِهِ. فالقلوبُ تَعرِفُه، والعقولُ لا تُدرِكُه. يَنظُرُ إليه المؤمنون بالأبصارِ من غير إحاطةٍ ولا إدراكِ نهاية («كَشفُ المحجوب»، ٥٢٢).

إن ما نعلمه عن ذات الله هو ما وصف به نفسه في القرآن الكريم، لا من

* ٢٠٠-٢٨٣/٨١٦-٨٩٧. يُنسَب إلى بلدة «تُسْتَر» التي تقع اليوم في إقليم «عربستان»، إيران. لقي ذا النُّون المِصري في الحجِّ وصَحِبَه.

ملاحظات حواسّية أو استنباطات عقلية. ويجعل الإيمانُ المؤمِنَ يرى اللهَ من خلال آياته الظاهرة في كل مكان، كما يمنُّ الله على القلبِ المؤمنِ بكشوفاتٍ روحية. فلا حَدَّ لله، ولا يمكن فهمه، وليس حالًّا في شيء من خلقه. أما في الآخرة، فتراه العيون من غير أن تَسِعَه.

إن رؤية الله تعالى في الآخرة هي من المسائل التي اختلف حولها علماء المسلمين. فقد أثبتَ أهل السُّنَّة رؤيته عَزَّ وجَلَّ، وإن اختلفوا في معنى ذلك واتّهموا بعضهم بالتجسيم، بينما ممن أنكرها المعتزلة والشيعة.[1]

[1] صبري، «رؤية الله»؛ حميده، «رؤيةُ الله تعالى في الآخرة».

أبو سعيد الخَرّاز*

أَوَّلُ مَقام لمن وَجَدَ عِلمَ التَّوْحِيد وحَقَّقَ بذلك [هو] فناءُ ذكرِ الأشياءِ عن قلبِهِ وانفرادِهِ بالله عَزَّ وجَلَّ («اللُّمَع في التَّصوُّف»، ٥٣).

التَّوحِيد إيمانًا وتطبيقًا يرفع المَرءَ إلى مَقاماتٍ روحية أوّلها غياب الخلق عن قلبه فلا يبقى فيه إلا ذكر الله عَزَّ وجَلَّ.

أَوَّلُ علامة التَّوْحِيد هي خروجُ العبدِ عن كل شيء، وَرَدُّ جميعَ الأشياء إلى مُتَوَلِّيها حتى يكون المُتولَّى بالمُتَوَلِّي ناظرًا إلى الأشياء، قائمًا بها، مُتمكِّنًا فيها.

أول علامات التَّوحِيد هي تجرّد العبد من كلِّ عوالِق الدنيا ورؤية كلِّ شيءٍ على أنه من صنع الله، موجودٌ بمشيئته، وفاعلٌ بقدرته.

ثم يُخفيهم في أنفسِهِم من أنفسِهِم، ويُميتُ أنفسَهم في أنفسِهِم، ويصْطَنِعَهم لنَفْسِه.

وفي حالة الفناء يصبح العبدُ آلةً في يد المعبود، لا يغفل عن فعل ما أمره به ولا يفعل ما نهاه عنه، ولذلك يَصِحُّ مجازًا وصفه بأنه لم يعد موجودًا بذاته فهو فانٍ في

---

* مجهول-٢٨٦/مجهول-٨٩٩. من بغداد. صَحِبَ سَرِيَّ السَقَطي وذا النُّون المِصري وبِشرَ الحافي.

ربّه. ليس هذا الفناء مادِّيٍّ، أي لا يختفي الجسد البشري للعبد الفاني، ولكنه قلبي وسلوكي، حيث يطيع المعبودَ بشكل كامل. وأقوالُ الصُّوفيَّة التي تنطق بحالِ الفناء الروحي هي من أكثرِ أقوالِهم التي أُسيئ فَهمَها وشاع انتقادها حتى اتُّهِموا خطأً وظلمًا في صحّة توحيدِهم لله عَزَّ وجَلَّ.

فهذا أَوَّلُ دخول في التَّوْحِيد من حيث ظهور التَّوحِيد بالديموميّة («اللُّمَع في التَّصوُّف»، ٥٣).

هذا أول أحوال التَّوحِيد كحال فكريّ وسلوكيّ مستمر للعبد وليس حالًا يطرأ عليه أو يطلبه هو في أحيانٍ معيّنة فقط، مثلًا في العبادة أو عند التفكّر في الله.

أهل التَّوْحِيد قَطَعوا منه العلائقَ، وهجروا فيه الخلائِقَ، وخَلَعوا الراحاتِ، وتوَحَّشوا من كلِّ مِأْنوس، واسْتَوْحَشوا من كُلِّ مألوفٍ («اللُّمَع في التَّصوُّف»، ٤٣٨).

الموحّدون يهجرون الخلقَ من أجلِ الخالِق، ويحبّون الخلوة معه بعيدًا عن كل مخلوق، ويقدّمون عبادته وطاعته وطلبه على كلِّ راحةٍ وتَرَف، ولا يشعرون بالأنس أو الألفة مع ما يأنسه ويألفه الناس.

عَمْرو بن عُثمان المَكّي*

أصحابُنا حَقيقتُهم تَوْحيدٌ وإشارَتُهم شِرْكٌ («اللُّمَع في التَّصوُّف»، ٢٩٥).

التَّوْحِيدُ هو جوهر عقيدة الصُّوفيَّة، والإشارة إلى الله عندهم شِرْكٌ لأنها تعامِله وكأنّه شيءٌ أو تُحيِّزه أو تُشبِّهه، وهو ليس بشيءٍ ولا يشبه شيءٍ.

قرأ الآيتين التاليتين، ﴿قَدْ أَفْلَحَ الْمُؤْمِنُونَ ۝١ الَّذِينَ هُمْ فِي صَلَاتِهِمْ خَاشِعُونَ﴾ (المؤمنون ١-٢)، ثم قال، «فكل شيء غير الله مما وَقَعَ في القلوب فهو لَغوٌ»، ثم قرأ هاتين الآيتين، ﴿أُولَٰئِكَ هُمُ الْوَارِثُونَ ۝١٠ الَّذِينَ يَرِثُونَ الْفِرْدَوْسَ هُمْ فِيهَا خَالِدُونَ﴾ (المؤمنون ١٠-١١) («اللُّمَع في التَّصوُّف»، ١١٢).

يجب أن لا يكون في القلب غير الله.

كُلّ ما تَوهَّمهُ قَلبُكَ، أو سَنَحَ[١] في مجاري فِكرِك، أو خَطَرَ لك في

---

* مجهول-٢٩١/مجهول-٩٠٤. عاش وتُوُفِّيَ في بغداد. صحِب أبا سعيد الخرّاز. كان عالمًا بالأصول؛ وله مُصنَّفاتٌ في التَّصوُّف.

[١] ظَهَرَ.

مُعارضاتِ قَلْبِكَ من حُسْنٍ أو بَهاءٍ، أو أُنْسٍ أو ضِياءٍ، أو جَمالٍ أو قُبْحٍ، أو نُورٍ أو شَبَحٍ، أو شَخْصٍ أو خَيالٍ، فاللهُ تعالى بَعيدٌ من ذلك كُلِّه، بل هو أعظم وأجلُّ وأكبرُ. ألا تَسْمَع إلى قوله تعالى: ﴿لَيْسَ كَمِثْلِهِۦ شَىْءٌ وَهُوَ ٱلسَّمِيعُ ٱلْبَصِيرُ﴾ (الشّورى ١١)، وإلى قوله: ﴿لَمْ يَلِدْ وَلَمْ يُولَدْ ۝٣ وَلَمْ يَكُن لَّهُۥ كُفُوًا أَحَدٌۢ﴾ (الإخلاص ٣-٤) («طَبَقاتُ الصُّوفيَّة»، ١٦٤).

إن الله لا يشبه أي شيءٍ، مادِّيٍّ أو غير مادِّيٍّ، موجودٍ أو إفتراضي.

إبراهيم بن أحمد الخَوّاص*

[توحيد الخاصِّ هو] التفريدُ للهِ عَزَّ وجَلَّ في كُلِّ الأشياءِ بالإعراضِ عمّا يلحق نُفوسَهُم من آثارِ الأشياءِ:

تَوحِيدُ خصوصِ العبادِ أن لا يتركوا لعَرَضٍ تأثيرًا عليهم فلا يَرَوا شيئًا أو أحدًا سوى الله تعالى.

لو أنَّ دونَكَ بَحْرُ الصّينِ مُعتَرِضًا
لَخِلتُ ذاكَ سَرابًا ذاهِبَ الأثَرِ («اللُّمَع في التَّصوُّف»، ٤٣٢).

يخاطب المُحِبُّ حبيبَه شعرًا بأنه حتى لو كان بينهما حاجزًا كِبَرِ بحر الصين، فإن تفانيه في حبّ حبيبه يجعله يرى ذلك البحر مجرَّدَ سرابٍ لا أَثَرَ له، فلا يشغله عن حبيبِه ولا يوقفه عن طلبِه. وكذلك هو حال الموحِّدُ في حُبِّه للواحدِ عَزَّ وجَلَّ.

* مجهول-٢٩١/مجهول-٩٠٤. أصله من سامرّاء، العراق، لكنه أقام بالرَّي في إيران وتُوُفِّيَ في جامع الرَّي. رُوِيَت عنه أحاديثُ في التوكُّلِ والزُّهْدِ وغيرها.

أبو الحُسَيْن النُّورِي*

سأَلَهُ رجلٌ، «ما الدَّليلُ على اللهِ؟»، فأجابَ، «اللهِ». فقال السائل، «فما العقلُ؟»، فأجابَ، «العقلُ عاجزٌ والعاجزُ لا يدلُّ إلا على عاجزٍ مثله» («التعرُّفُ لمذهَبِ أهلِ التَّصوُّفِ»، ٣٧).

العقل ليس مصدر الدليل على الله عَزَّ وجَلَّ لأنّ العقل محدود فلا يستطيع أن يدلَّ على الله تعالى الذي لا حدٌّ له. إن دليل العقل على الله هو الله الذي عرّفَ نفسه للعقلِ بما أوحى إلى رُسُلِه.

أهلُ الدِّيانَة مَوْقوفون، وَأهلُ التَّوْحيد يَسِيرون، وَأهلُ الرِّضا يَسترْوِحون، وأهلُ الاِنْقِطَاعِ يَتحيَّرون. إِن الحقَّ إِذا ظهرَ تَلاشى كلُّ مَا حَجَبَ وَستَرَ («طَبَقاتُ الصُّوفيَّة»، ١٣٧).

من الناس من يرضى بقدرٍ محدود من الدِّين، والموحِّدون لا يتوقّفون في طلبهم القرب من الله، والراضون بما قَضى هم في حالة راحة وسكون، والمنقطعون إلى الله يرون من العجائب والخوارق ما يُذهِل. تجلّي الله في قلب العبد يجعله يرى بأن الله هو الموجود الحقّ ولا موجود سواه إلا بسببه وبه، فيُكشَفُ له مما خَفِيَ من الحقائِق

---

* مجهول-٢٩٥/مجهول-٩٠٨. جاء لقبه من بلدة «نُور» بين بُخارى وسمرقند في أوزبكستان أو لنورٍ كان بوجهه. صَحِبَ سَرِيَّ السَّقَطي. قبره في منطقة الأعظمية، بغداد، العراق.

والأسرار الروحيّة.

التَّوْحِيد [هو] كلُّ خاطرٍ يشير إلى اللّٰه تعالى بعد أن لا تُزاحِمُه خواطرُ التَشْبيه («الرِّسالة القُشَيرِيّة»، ٣٢).

التَّوْحِيد هو حال يكون فيه كل ما يرد على البال مُذكِّرًا بالله تعالى من غير أن تشوبه أفكارٌ تشبِّهُهُ عَزَّ وجَلَّ بشيء.

الجُنَيدُ البَغدادي*

أعلم أن أَوَّلَ عبادة الله عَزَّ وجَلَّ معرفته، وأصل معرفة الله توحِيده، ونظام تَوحِيده نَفيَ الصفاتِ عنه بالكَيْف والحَيْث والأيْن. فَبِهِ استُدِلَّ عليه، وكان سبب استدلالِه به عليه توفيقُه، فبتوفيقِه وَقَع التَّوْحِيد له، ومن تَوحِيده وَقَعَ التصديق به («رسائلُ الجُنَيد»، ٥٨).

معرفة الله تعني توحيده، والتَّوْحِيد هو أساس عبادته، فلا تَصِحُّ عبادته من غير توحيده. وتوحيده يعني نفي أن تكون له هيئة، أو يوجد في مكانٍ، أو يرتبط بزمانٍ. ولا يكون التَّوحِيد إلا بهداية منه عَزَّ وجَلَّ، ﴿وَمَن يَهْدِ اللَّهُ فَهُوَ الْمُهْتَدِ﴾ (الإسراء ٩٧).

اعلم أن دليلَ الخلقِ برؤية الصّدقِ وبذل المجهود، لإقامة حُدودِ الأحوالِ بالتنقّل فيها، لتؤدّيه حالٌ إلى حالٍ، حتى تؤدّيه إلى حقيقة العبوديّة في الظاهر، بترك الاختيار والرضا بفِعْلِه («رسائلُ الجُنَيد»، ٥٩-

* ٢١٥-٢٩٨/٨٣١-٩١١. من أشهرِ الصُّوفيَّةِ. وُلِدَ وعاشَ في بغداد. تُوُفِّيَ والده وهو صغير فتولّى الاهتمام به خالُه الصُّوفيّ المعروف سَرِيّ السَّقَطي. كما صحِبَ الحارثَ المُحاسِبي وتفقّهَ على يد أبي ثور الكَلْبي البغدادي. ظهرت عليه علامات الحكمة وهو طفلٌ صغير، فمثلًا سأله سَرِيٌّ يومًا عن معنى الشكر، فأجاب، «أن لا تعصيَ اللهَ بنِعَمِهِ». من مظاهر مكانَتِهِ الكبيرة أنّه يُعرَف بـ «سيِّدُ الطائفة»، أي سيّدُ الصُّوفيَّةِ، و «تاجِ العارِفين»، وألقابٍ أخرى. دُفِنَ في بغداد في المقبرة التي تُعرَف اليوم باسمه، بجوار سَرِيِّ السَّقَطي.

٦٠).

الصدق والعمل الصالح وإعطاء كل حال روحي حقَّه يرفعون المرء من حالٍ إلى آخر حتى تظهر عليه حقيقة العبوديّة، وذلك بفناء إرادته وتسليمه لحكم الله.

اعلم أنك محجوبٌ عنكَ بِكَ، وأنك لا تَصِلُ إليه بِكَ، ولكنك تَصِلُ إليه بِهِ. لأنّه لمّا أبدى إليك رؤية الاتّصال به، دعاك إلى طلبٍ له فَطَلَبْته. فكنت في رؤية الطلب والاجتهاد لاستدراك ما تريده بطلبك. كنت محجوبًا حتى تُرجِع الافتقار إليه في الطَلَب، فيكون ركنك وعمادك في الطلب بشدّة الطَلَب، وأداء حقوق ما انتخب لك من علم الطَلَب، والقيام بشروط ما اشترط عليك فيه، ورعاية ما استرعاك فيه لنفسك.

القرب من الله يتطلّب التسليم بأنه هو الذي دَعى العَبْدَ ليطلبه، وأراه الطريق إليه، ووَفَّقه إلى القيام بمتطلّبات القربِ منه عَزَّ وجَلَّ.

حماكَ عنكَ فيوصِلُك بفنائِكَ إلى بَقائِك لوُصولِكَ إلى بَغيتك. فتبقى ببقائه، وذلك أن توحِيدَ المُوَحِّدِ باقٍ ببقاء الواحد وإن فَنَى المُوَحِّدُ. فحينئذٍ، أنتَ أنتَ إذ كُنْتَ بلا أنتَ، فبقيتَ من حيث فَنَيتَ («رسائلُ الجُنَيد»، ٦٠).

فناء المرء عن نفسه في الله ليصبح عبدًا كاملًا هو أسمى درجات التَّوحِيد. هذا

الفناء هو البقاء الحقيقي، لأنه فناءٌ في الباقي عَزَّ وجَلَّ.

اعلم أن الناس ثلاثة: طالبٌ قاصدٌ، ووارِدٌ واقفٌ، وداخلٌ قائمٌ. أمّا الطالب لله عزّ وجل فإنه قاصدٌ نحوه، باسترشاد دلائل علم الظاهر، معاملٌ الله عزّ وجل بجدٍّ ظاهره. أو واردٌ للباب واقفٌ عليه، متبيّنٌ لمواضع تقريبه إيّاه، بدلائل تصفية باطنه، وإدرار الفوائد عليه، معامِلٌ لله عز وجل في باطنه. أو داخلٌ بهَمِّهِ، قائمٌ بين يديه، مُنتَفٍ عن رؤية ما سواه، ملاحظٌ لإشارته اليه، مبادرٌ فيما يأمره مولاه، فهذه صِفَةُ الموحِدّ لله عزّ وجلّ («رسائلُ الجُنَيد»، ٦١).

المؤمن الأول يطَهِّرُ ظاهرَه بالالتزامِ الكامل بالشريعة، فهو في حالة مستمرّة من التقرّب من الله عَزَّ وجَلَّ. والمؤمن الثاني يقرُنُ التزامَه بالشريعة بتصفيةِ قلبه، فيَصلُ إلى باب الحضرة الإلهيّة ولكن لا يدخل لأنّه لايزال يرى غير الله عَزَّ وجَلَّ. أما الثالث، فيجمَعُ التزامَه بالشريعةِ وتطهيرَ قلبِه بالاستغناءِ عن إرادتِهِ بالفناءِ في رَبِّه فيدخِلُه الله مخدَعَ القُربِ، وهذا هو الموحِّدُ الكامل.

اعلم أن التَّوْحِيد في الخلق على أربعةِ أوجُهٍ: فَوَجهٌ منها تَوحِيدُ العوامِّ، وَوَجهٌ منها تَوحِيدُ أهل الحقائق بعلم الظاهر، وَوَجهانِ منها تَوحِيدُ الخواص من أهل المعرفة.

فأمّا تَوحِيدُ العوامِّ فالإقرار بالوَحدانيّة بذهابِ رؤيةِ الأربابِ والأندادِ والأضدادِ والأشكالِ والأشباهِ، والسكون إلى معارضات الرغبة والرهبة

ممن سواه. فإن له حقيقةُ التحقيقِ في الأفعال ببقاء الإقرار.

التَّوْحِيد بأقل متطلّباته هو تنزيهُ اللهِ عَزَّ وجَلَّ عن كلٍّ شيءٍ بالفكرِ والقولِ، فطالما كان العبد كذلك ظهر التَّوحِيد في أفعاله. وإن كان هذا التَّوحِيد مشوبًا بالرغبة في غير الله والخوف من سواه.

وأما تَوحِيدُ أهل حقائق علم الظاهر فالإقرار بالوَحدانيّة بذهاب رؤية الأرباب والأنداد والأشكال والأشباه، مع إقامة الأمر والانتهاء عن النهي في الظاهر، مستخرجة ذلك منهم من عيون الرغبة والرهبة والأمل والطمع. فإقامة حقيقة التحقيق في الأفعال لقيام حقيقة التصديق بالإقرار.

هذا هو توْحِيد العالِم المنزّه لله العامِل بالشريعة فيظهر التَّوحِيد دائمًا في أفعاله، فهو أعلى درجة من توحيد العوام.

وأمّا الوجهُ الأَوَّلُ من توحيد الخاص، فالإقرار بالوَحدانيّة بذهاب رؤية هذه الأشياء مع إقامة الأمر في الظاهر والباطن بإزالةِ معارضات الرغبة والرهبة ممن سواه، مستخرجة ذلك من عيون الموافقة بقيام شاهد الحق معه مع قيام شاهد الدعوة والاستجابة.

توحيد الخاصّة أعظم من توحيد أهل الظاهر لاقترانِه بزوالِ الرغبةٍ في غير الله والخوفِ من غيره وبتأييدِ دلائلَ روحيّة عن دعوةِ الله العبد لتوحيده واستجابة العبد

له.

والوجه الثاني من توحيد الخاص، فشَبَحٌ قائمٌ بين يديه ليس بينهما ثالث، تجرى عليه تصاريف تدبيره، في مجاري احكام قدرته، في لُجَجِ[1] بِحارِ تَوحيدِه، بالفناء عن نفسه وعن دعوة الحق له وعن استجابته له، بحقائق وجودِ وَحدانِيَّتِه في حقيقة قربه، بذهاب حِسِّه وحركاته، لقيام الحَقِّ له فيما أرادَ مِنهُ. والعِلمُ في ذلك أنه رَجْعُ آخِرُ العبدِ إلى أوَّلِهِ، أن يكون كما كان إذ كان قبل أن يكون، والدليل في ذلك قول الله عزّ وجل: «وَإِذْ أَخَذَ رَبُّكَ مِن بَنِي آدَمَ مِن ظُهُورِهِمْ ذُرِّيَّتَهُمْ وَأَشْهَدَهُمْ عَلَىٰ أَنفُسِهِمْ أَلَسْتُ بِرَبِّكُمْ قَالُوا بَلَىٰ» (الأعراف ١٧٢)، فمن كانَ وكيف كانَ قبل أن يكون. وهل أجابت إلّا الأرواح الطاهرة العَذِبة المُقدَّسة، بإقامة القدرة النافذة والمشيئة التامة، الآن كان إذ كان قبل أن يكون؟ وهذا غاية حقيقة توحيدِ المُوَحِّدِ للواحدِ بذهابِ هو («رسائلُ الجُنَيد»، ٦١-٦٢).

الوجه الثاني من وَجهَي توحيد الخاصّة، وهو أسمى أشكال التَّوْحِيد، يتضمن كل ما في الوجه الأول ولكن يتفوّق عليه بوصول العبد المُوَحِّد إلى حالة الفناء في الله، فيصبح آلة بيده عَزَّ وجَلَّ، بلا إرادة خاصّة به. وبذلك يحقّق شهادته المتقدِّمة لله بالربوبيّة وعلى نفسه بالعبوديّة. قال جمهور العلماء بأن سؤال ﴿أَلَسْتُ بِرَبِّكُمْ﴾

---

[1] جمع «لُجّة»، وهي الماء الكثير المُصطَخِبُ الأمواج.

كان عند خلقِ آدم حيث أخرج اللّٰه ذرّيتَه من ظهره حينئذ. ولكن التفسير الذي أميل إليه هو أنّ المسؤول هي النطفةِ في ظهر الرجلِ وأنّ وقت السؤال هو حين يخلق اللّٰه منها بشرًا.[1]

يكشف السؤال بأن اللّٰه فَطَرَ الإنسانَ على التَّوحِيد، كما في الآية الكريمة، ﴿فِطْرَتَ اللَّهِ الَّتِي فَطَرَ النَّاسَ عَلَيْهَا﴾ (الروم ٣٠). قال الرسول ﷺ، «مَا مِنْ مَوْلُودٍ إِلّا يُولَدُ عَلَى الْفِطْرَةِ، فَأَبَوَاهُ يُهَوِّدَانِهِ وَيُنَصِّرَانِهِ وَيُمَجِّسَانِهِ».[2] وبعد أن تنمو ملكاته العقلية يختار بإرادته تحقيق فطرَةِ اللّٰه أو مخالفتها، ﴿فَمَن شَاءَ فَلْيُؤْمِن وَمَن شَاءَ فَلْيَكْفُرْ﴾ (الكهف ٢٩).

التَّوْحِيدُ هو الخروج من ضِيقِ رُسومِ الزَّمانيّة إلى سِعَةِ فَناءِ السَّرْمَدِيّة («اللُّمَع في التَّصوُّف»، ٤٩).

التَّوحِيدُ هو ترك الانشغال بعالمِ المخلوقات المحدود زمانيًّا ومكانيًّا والانشغال بالتفكّر بالخالق غير المحدود.

[التَّوْحِيدُ هو] معنى تَضمَحِلُّ فيه الرُّسومُ وتندَرِجُ[3] فيه العلومُ، ويكون اللّٰه تعالى كما لَمْ يَزَل («اللُّمَع في التَّصوُّف»، ٤٩).

في التَّوْحِيد تبدو الأشياء على أنها آياتٍ تشيرُ إلى الخالق عَزَّ وجَلَّ ويظهر عجزُ

---

[1] أحد أمّهات كتب التفسير التي تناقش هذه المسألة بالتفصيل هو «التفسير الكبير» لفخر الدين الرّازي الذي يرى إمكانيّة التوفيق بين التفسيرين.

[2] مُسلِم، «الصَّحيح»، ٢٦٥٨.

[3] تنطوي وتختفي.

العلومِ عن معرفة الله الذي يبقى بعيدًا عن المدارِك كما كان منذ الأزل.

[التَّوْحِيدِ هو] إفرادُ المُوَحَّدُ بتحقيقِ وَحدانِيَّتِهِ بكمَالِ أحَدِيَّتِهِ بأنّه الواحِدُ الذي ﴿لَمْ يَلِدْ ولَمْ يولَدْ﴾ (الإخلاص ٣)، بنَفيِ الأضدادِ والأندادِ والأشباهِ وما عُبِدَ مِن دونِه، بلا تشبيهٍ ولا تَكييفٍ ولا تصويرٍ ولا تمثيلٍ، إلهًا واحدًا صَمَدًا[1] فَرْدًا، ﴿لَيْسَ كَمِثْلِهِ شَيْءٌ وَهُوَ ٱلسَّمِيعُ ٱلْبَصِيرُ﴾ (الشّورى ١١) («اللُّمَع في التَّصوُّف»، ٤٩).

التَّوْحِيدُ هو الإقرار بأن وَحدانيّة الله فريدة بنفي أن يكون له وَلَدٌ أو والِدٌ، وإنكار أن يكون له ضد أو نظير أو شبيه بأي شكل من الأشكال، ونفي ألوهيّة أي معبود سواه، وعدم تشبيهه بأحدٍ، ولا التفكّر بكيفيّة وجوده، ولا تخيّله. فهو فريد في وَحدانيّته، غنيٌّ عن غيرِه، فلا شبيه له ذاتًا أو صفةً أو فعلًا، كما وصف نفسه في آيتي سورة الإخلاص وسورة الشورى.

[المُوَحِّدون] كانوا بلا كَوْنٍ وبانوا بلا بَوْنٍ («اللُّمَع في التَّصوُّف»، ٤٣٢).

المُوَحِّدُ قائمٌ بين الخَلْقِ بجسمه ولكنّه مُفارِقٌ لهم بقلبه لانشغاله بربِّهِ. فهو بين الخلق من غير أن يكون معهم وهو مفارقٌ لهم من غير أن يكون بعيدًا عنهم.

---

[1] طرح العلماء عدة معانٍ لاسم الله «الصَّمَد»، منها «المقصود بالحوائج» و «الباقي بعد فناء خلقه» «المُستَغني عن كل أحدٍ». ومعنى الصَّمَد الذي أميل إليه هو «القائمُ بذاتِه، الغنيُّ عن غيره» (القرطبي، «الأسنى في شَرحِ أسماء الله الحُسنى»، ج ١، ١٧٧-١٨٦).

لا يبلغ العبدُ إلى حقيقة المعرفةِ وصفاءِ التَّوْحِيد حتى يعبر الأحوالَ والمَقامات.[1] («اللُّمَع في التَّصوُّف»، ٤٣٦).

لا يصل العبد أسمى الحقائق ولا يكمل توحيدِه إلا بوصوله إلى الدرجات الروحيّة المختلفة وتذوّق ثمارها من كشوفات.

إنَّك لن تكون لَهُ على الحَقِيقَةِ عبدًا وَشَيْءٌ مِمَّا دونه لَكَ مُسترَقٌّ. وَإنَّك لن تصل إِلَى صَرِيح الحُرِّيَّة وَعَلَيْك من حَقِيقَة عبوديّته بَقِيَّة. فَإِذا كُنْتَ لَهُ وَحْدَه عَبْدًا، كُنْتَ مِمَّا دونه حُرًّا («طَبَقاتُ الصُّوفيَّة»، ١٣١).

لا يكون المرء عبدًا حقيقيًّا لله إذا استعْبَدَه شيءٌ ما، ولا يكون حُرًّا من العبوديّة لغير الله حتى يكون عبدًا له وحده. فالعبوديّة لله تعني الحرّيّة من غيره.

التَّوْحِيدُ عِلْمُكَ وَإِقْرَارُكَ بِأَنَّ اللَّهَ فَرْدٌ فِي أَوَّلِيَّتِهِ وَأَزَلِيَّتِهِ، لا ثَانِيَ مَعَهُ، وَلا شَيءَ يَفْعَلُ فِعْلَهُ وَأَفْعالَهُ الَّتي أَخْلَصَها لِنفْسِهِ («حِليَةُ الأوْلياءِ»، ج ١٠، ٢٥٦).

التَّوْحِيد هو إدراك العقل وإيمان القلب بتفرُّدِ اللهِ بالأزليّة والأبديّة، فهو ﴿ٱلْأَوَّلُ وَٱلْآخِرُ﴾ (الحديد ٣)، ليس هنالك من له قدرته، ولا يوجد من يقوم بأفعِال الربوبيّة غيره، إذ لا ربّ سواه.

---

[1] عند الصُّوفِيَّة، «الحال» هو تجربة روحية عابرة، بينما «المَقام» هو حالة ومرتبة روحية مستمرة.

إن أَوَّلَ ما يحتاج إليه العبد من عَقْدِ[1] الحكمةِ مَعرفةَ المَصنوعِ صانعَه، والمُحْدَثِ كيف كان إحداثَه، فيعرف صفةَ الخالقِ من المخلوقِ، وصفةَ القديمِ من المُحْدَثِ، ويَذُلُّ لدعوَته، ويعترفُ بوجوبِ طاعتِه. فإنّ مَنْ لَمْ يعرف مالِكَهُ لَمْ يعترف بالمُلْكِ لِمَن استوجَبَه («الرِّسالة القُشَيرِيّة»، ٢٦).

أول متطلّبات الحكمة معرفة أن هنالك خالقٌ واحدٌ قديمٌ وأن كل ما غيره هو مخلوقٌ مُحدَثٌ من قِبَلِه، ليطيع المخلوقُ الخالقَ ويستسلِم له. فمن لم يفعل ذلك فقد أنكر أنه خالقه ولم يوحِّده ولم يحقّق عبوديّته له.

متى يتصل من لا شبيهَ لهُ ولا نَظيرَ لهُ بمن له شبيهٌ ونظيرٌ! هيهات، هذا ظَنٌّ عَجيبٌ! إلا بما لَطَفَ اللطيفُ من حيث لا دَرَكَ ولا وَهْمَ ولا إحاطةَ إلا إشارة اليقين وتحقيق الإيمان («الرِّسالة القُشَيرِيّة»، ٣٣).

لا يمكن لأحدٍ أو شيءٍ الاتصال ماديًا بالله عَزَّ وجَلَّ لأنه فريد لا مثيل له. فتقريب الله لعبدٍ منه هو شيء لطيف غير ملموس، لا يتضمّن الوصول إليه مكانيًّا، أو توهمّه على هيئة ما، أو الإحاطة به عقلًا أو خيالًا. فهو أمر قائم على الإيمان واليقين.

التوكّلُ عملُ القلبِ، والتَّوْحِيدُ قولُ القلبِ («الرِّسالة القُشَيرِيّة»، ٣٦).

التَّوْحِيدُ هو إقرارٌ لفظيٌ دليلُ صدقهِ توكّل الموحِّد على الله تعالى.

---

[1] الشَّدّ والتثبيت.

تَفَرَّدَ الحقُّ بعِلمِ الغيوب، فَعَلِمَ ما كانَ وما يكونُ وما لا يكونُ، أي لو كانَ كيفَ كان يكونُ («الرِّسالة القُشيرِيّة»، ٣٦).

اللهُ وَحدَهُ يعلمُ كلَّ ما حَدَثَ وسَيَحْدُث ولن يَحدُث.

أشرفُ المجالِسِ وأعْلاها الجلوسُ مع الفِكرَةِ في مَيدانِ التَّوْحِيد («الرِّسالة القُشَيرِيّة»، ٣٦).

أرْفَعُ مجلسٍ هو التفرّغ للتفكّر في وَحدانيّة اللهِ عَزَّ وجَلَّ.

إذا تَناهَت[1] عقولُ العُقلاءِ في التَّوْحِيدِ، تَناهَت إلى الحيرةِ («الرِّسالة القُشَيرِيّة»، ٤٩٣).

التَّوْحِيدُ هو نفيُ أي مألوف أو معروف أو حتى مُتخيَّلٍ عن حقيقة الواحِد عَزَّ وجَلَّ. لذلك كلّما تعمَّقَ العقل السليم في التَّوْحِيدُ زادَ حيرة بشأنِ الواحِد.

التَّوْحِيدُ الذي انفرد به الصُّوفيَّة هو إفرادُ القِدَمِ عن الحَدَثِ، والخروجُ عن الأوطان، وقَطْعُ المُحابِّ،[2] وتَرْكُ ما عُلِمَ وجُهِلَ، وأن يكون الحقُّ سبحانه مكان الجميع («الرِّسالة القُشَيرِيّة»، ٤٩٥-٤٩٦).

تميّز الصُّوفيَّة في تَوْحِيدِهم اللهِ في جمعهم بين نِسبَةِ القِدَمَ إليه فقط لأنّ كل ما

---

[1] بَلَغَت غايَتَها.

[2] المحبوب.

غيره مُحدَث، وهَجْرِ كلَّ شيءٍ في سبيله حتى يكون الصاحب الوحيد، والابتعادِ عن كل ما يشغل القلب عنه، وتَرْكِ كلِّ علمٍ لا يقرِّبُ منه، وجَعْلِهِ عَزَّ وجَلَّ الهمّ والشغل الأوحد.

علم التَّوْحِيدِ طُوِيَ بِساطُه منذ عشرين سنة، والناس يتكلمون في حواشيه («الرِّسالة القُشَيرِيّة»، ٤٩٦).

تحدَّثَ من مضى من العلماء بالتفصيل عن التَّوْحِيدُ، فأيِّ كلامٍ جديدٍ فيه هو مجرّد إضافات صغيرة وثانوية. قد يكون استخدام الرقم «عشرين» مجازًا للإشارة إلى كلِّ من سَبَقَ من العلماء، وإلا فإنه يشير إلى أن الكلام في التَّوْحِيدِ وصل أقصى حدوده على أيدي جيل العلماء الذي سَبَقَ جيلَ الجُنَيد مباشرة.

أشرفُ كلمة في التَّوْحِيد ما قاله أبو بكر الصديق (رضي الله عنه)، «سبحان من لم يجعل لخلقه سبيلًا إلى معرفته إلا بالعَجْزِ عن مَعرفته» («كَشْفُ المحجوب»، ٥٢٥).

لا سبيل إلى معرفة الله بالعقل أو الخيال، فلا يُعرَف إلا بما وَصَفَ به نفسه. إنكارُ هذا العجزِ المعرِفي يقود إلى الظّنون الضالّة حول الله.

رُوَيْم بن أحمد البغدادي*

التَّوْحِيدُ هو مَحوُ آثارِ البشريّة وتجرّد الألوهيّة («اللُّمَع في التَّصوُّف»، ٥١).

التَّوْحِيدُ هو فناءُ النَفْسِ، فيصبح الإنسان آلة بيد الله، مع تنزيهِ الخالقِ عن كلِّ شيء.

سُئِلَ عن متى يتحقّقُ العَبدُ بالعبوديّةِ فقال، «إذا سَلَّمَ القِيادَ من نفسِهِ إلى رَبِّهِ، وتَبَرّأَ من حولِهِ وقُوَّتِهِ، وعَلِمَ أنَّ الكُلَّ لَهُ وبِهِ» («اللُّمَع في التَّصوُّف»، ٢٨٦).

تصبح العبودية حقيقيّة حين يسلّم العبدُ أمرَه إلى ربِّه ويُنكِرُ قدرَتَه على أي شيء ويقرُّ بأنَّ اللهَ مالِكُ كلِّ شيءٍ وموجِدُ كلِّ ما يوجَد ويحدُث.

* مجهول-٣٠٣/مجهول-٩١٦. قاضي ومُقرئ وفقيه. صَحِبَ الجُنَيد البغدادي. تُوُفِّيَ في بغداد.

يوسف بن الحُسَيْن الرّازي*

من وَقَعَ في بِحارِ التَّوْحِيد لا يَزدادُ على مَرِّ الأوقاتِ إلا عَطَشًا

(«الرِّسالة القُشَيرِيّة»، ٤٩٦).

التَّوْحِيدُ حالٌ مُستمِرٌّ لا يشبعُ المرء من لذّاتِه ومن طلبِ المزيدِ من القرب من الله عَزَّ وجَلَّ.

* مجهول-٣٠٤/مجهول-٩١٧. كان عالمًا أديبًا. صَحِبَ ذا النُّون المِصري ورافق أبا سعيد الخَرّاز في بعض أسفاره.

أحمد أبو عبد الله بن الجَلّاء*

مَن استوى عِنْدهُ المَدْحُ والذمُّ فَهُوَ زاهدٌ، وَمن حَافظَ على الفَرَائِض فِي أَوَّلِ مَواقيتِها فَهُوَ عَابِدٌ، وَمن رأى الأَفْعَالَ كُلَّهَا من اللهِ عز وَجل فَهُوَ مُوَحِّدٌ («طَبَقاتُ الصُّوفيَّة»، ١٤٦).

الزاهد ليس من زَهَد في مباهج الدنيا فحَسب، ولكن من لا يفرحه مدح مادحٍ أو يحزنه لوم لائمٍ لأنّ كلَّ همّه هو الخالِق، فهو زاهدٌ في الخلق. والعابد ليس من أدى الفرائض فحسب، ولكن من أدّاها في أوّل أوقاتها، فبتقديمها على كل فعل آخر يحقِّقُ قول الله عَزَّ وجَلَّ، ﴿وَمَا خَلَقْتُ ٱلْجِنَّ وَٱلْإِنسَ إِلَّا لِيَعْبُدُونِ﴾ (الذاريات ٥٦). أما المُوَحِّد فهو الذي يرى بأن الله هو مصدر كل الحوادث وإن تباينت أسبابها.

* مجهول-٣٠٦/مجهول-٩١٩. قاضي وفقيه شافعي. يُنسَب إليه انتشار المذهب الشافعي في بغداد. صَحِبَ ذا النُّون. تُوُفِّيَ في دمشق.

علي بن سهل الأُصْبَهاني*

رَأَيْتُ النَّاسَ قد أَسَرَهُم تَعْظِيمُ نُفُوسِهِم وتَحْسِينُ أَلْفَاظِهِم فَلَا يَتَفَرَّغُونَ مِنْهُمَا إِلَى من عَظَّمَهُم بِتَخْصِيصِ الخِلْقَةِ وأَنْطَقَ أَلْسِنَتَهُم بِتَوْحِيدِهِ («طَبَقاتُ الصُّوفِيَّة»، ١٨٩).

انشَغَلَ أكثرُ الناس بتبجيلِ أنفسهم وصَقلِ كلامهم عن ذكر الله تعالى الذي أكرمهم بأن خَلَقهم بطبيعةٍ فريدة بين خلقِه ومَكَّنهم من توحيدِه.

سُئِلَ عَن حَقِيقَةِ التَّوْحِيد فَقَالَ، «قَرِيبٌ من الظُّنونِ بَعِيدٌ من الحَقَائِقِ»، وَأَنْشَد لأحدِهِم:

فَقلت لِأَصْحَابِي هِيَ الشَّمْسُ ضوءُها

قريبٌ، وَلَكِنْ فِي تناولهَا بُعْدٌ («طَبَقاتُ الصُّوفِيَّة»، ١٨٩).

كل ما يمكن أن يعرفه الإنسان عن حقيقة التَّوْحيد هو أقرب إلى الظنِّ منه إلى الحقيقة لأن الله بعيد عن الإدراك.

---

* مجهول-٣٠٧/مجهول-٩٢٠. أصله من أصفهان في إيران. كان يراسِلُ الجُنَيد البغدادي.

الحُسَيْن بن منصور الحَلّاج*

يا من أسكَرَني بحُبِّه وحَيَّرَني في ميادين قُربِه! أنتَ المُفردُ بالقِدَمِ والمُتَوَحِّدُ بالقيامِ على مَقعَدِ الصِدقِ. قيامُكَ بالعَدْلِ لا بالاعتِدالِ، وبُعدُكَ بالعَزْلِ لا بالاعتِزالِ، وحُضورُكِ بالعِلْمِ لا بالانتِقالِ، وغيبَتُكَ بالاحتِجابِ لا بالارتِحالِ.

القيامُ والقربُ والبعدُ والحضورُ والغيبةُ هي أوصاف رمزيّة ومعنويّة حين تشير إلى اللهِ عَزَّ وجَلَّ، لا بمعاني استخدامها مع الخلق.

فلا شيءٌ فوقَكَ فيُظِلُّكَ، ولا شيءٌ تحتَكَ فيُقِلُّكَ. ولا أمامَكَ شيءٌ فيُجِدُّكَ،[1] ولا وراءَكَ شيءٌ فيُدرِكُكَ.

اللهُ عَزَّ وجَلَّ مُنزَّهٌ عن التجسيمِ والتشبيهِ والتصوّرِ والتحييزِ.

---

* ٢٤٤-٣٠٩/٨٥٩-٩٢٢. صَحِبَ سَهْل التُّسْتَري وأبا الحُسين النُّوري والجُنَيد البغدادي. كَفَّرَهُ البعضُ بسببِ سوءِ فهمٍ بعض كلامِهِ الذي هو عُرْضة لسوء تفسير جسيم بينما بَرَّأهُ آخرون. حبسه الخليفة العبّاسي جعفر المُقتدِر بالله ثم قُتِلَ في عهد وزيره حامِد بن العبّاس. تبيّن أقواله هنا بلا شكّ توحيدَه الخالص لله عَزَّ وجَلَّ وظُلمَ ما أُتُّهِمَ به.

[1] يجعلك تُسرِعُ للّحاقِ به.

أسألُكَ بحُرْمَةِ هذه التُرَبِ المُقبولةِ والمراتِبِ المسؤولَةِ[1] أن لا تَرُدَّني إليكَ بعد أن اختَطَفتَني مِنّي، ولا تُريني نَفسي بعدَ أن حَجَبْتَها عَنّي. («أخبارُ الحَلّاج»، ٦٧).

سُمِعَ الحَلّاج يدعو بهذا الدُّعاء وهو يبكي عند قَبرِ أحمدَ بن حَنبل، حيث دعا اللّٰه متوسلًا بمكانَةِ عباده الصالحين أن يُبقيه فانيًا عن نفسِهِ وفانيًا فيه عَزَّ وجَلَّ.

من ظَنَّ أن الإلهيَّة تمتزِجُ بالبشرِيَّة أو البشرِيَّة تمتزجُ بالإلهِيَّة فقد كَفَرَ. فإنَّ اللّٰه تعالى تَفَرَّدَ بذاتِهِ وصِفاتِهِ عن ذواتِ الخلقِ وصِفاتِهِم. فلا يشبَهُهم بوجهٍ من الوجوهِ ولا يشبهونَهُ بشيءٍ من الأشياءِ. وكيفَ يُتَصوَّرُ الشَّبَهُ بين القديمِ والمُحدَثِ؟ ومن زَعَمَ أن الباري في مكانٍ أو على مكانٍ، أو مُتَّصِلٍ بمكانٍ أو يُتَصوَّرُ على الضميرِ أو يتخايَلُ في الأوهامِ أو يَدخُلُ تحت الصِّفَةِ والنَّعتِ فقد أشْرَكَ («أخبارُ الحَلّاج»، ٧٧).

الاعتقاد بإمكانيّة تداخل إلهيّة الخالق عَزَّ وجَلَّ وبشريّة الإنسان هو كُفرٌ، فليس هنالك أي شبه بين الخالقِ القديمِ والمخلوقاتِ التي كُلِّها مُحدَثة. وتصوير اللّٰه بالعقل أو الخيال هو إشراكٌ.

[1] «تُرَب»، هي جمع «تُربة» وتعني «قَبْر»، وتشير «التُرَبِ المُقبولةِ» إلى قبورِ الصالحين كأحمدَ بن حَنبل (١٦٤-٢٤١/٧٨٠-٨٥٥) و «المراتِبِ المسؤولَةِ» إلى رُتَبِهم الرفيعةِ.

إِعلَمْ أنَّ اللهَ يخلقُ العِلَلَ وليس بِعلَّةٍ. كيف يقبل العلَّةَ من كانَ ولا شيء، وأوجَدَ لا من شيءٍ، وهو الآن كما كانَ ولا شيء؟ جَلَّ وتعالى لو كانَ عِلَّةً لارتَبَطَ ولو ارتَبَطَ لم يَصِحَّ له الكَمال. تعالى اللهُ عما يقولُ الظالمون علوًا كبيرًا.[1] («التَّجلِّياتُ الإلهيّة»، ١٣٨-١٣٩).

إن اللهَ هو خالقُ كلِّ شيءٍ وموجدُ الأسبابِ ولكنّه ليس بسببٍ. فلو كان سببًا لارتبطَ بخلقِهِ وما كان كاملًا.

حَسْبُ الواجِدِ إفرادُ الواحِدِ.[2] («اللُّمَع في التَّصوُّف»، ٣٧٨، ٤٢٥).

يكفي العاشقَ الوالِهَ أنه لا يرى سوى معشوقِه الواحِد.

لَا يجوز لمن يرى أحدًا أَو يذكر أحدًا أَن يَقُول «إِنِّي عَرَفْتُ الأَحَدَ الَّذِي ظَهَرَت مِنْهُ الآحَاد» («طَبَقاتُ الصُّوفيَّة»، ٢٣٨).

معرفة الخالق الواحد تتطلَّب رؤية كل شيءٍ على أنه مخلوقٍ يشير إلى خالقِهِ، فالموحِّد الحقيقي لا يرى في أنواع الخلق سوى آياتٍ للخالقِ الواحدِ، اللهُ عَزَّ وجَلَّ.

من أسْكَرَتْهُ أنوارُ التَّوْحِيد حَجَبته عَن عِبارَة التَّجْرِيد، بل من أسْكَرَتْهُ أنوارُ التَّجْرِيد نَطَقَ عَن حقائق التَّوْحِيد لِأَن السَّكْرَان هُوَ الَّذِي ينْطق بِكُل مَكْتُوم («طَبَقاتُ الصُّوفيَّة»، ٢٣٩).

---

[1] ذكَرَ محيي الدين ابن عربي بأن الحَلّاج قال له هذا في لقاء روحيّ به.

[2] يُقال بأن الحلاج نَطَقَ بهذا حين أُخرِجَ من الحبس ليُقتَل، فكان من آخر كلامه.

معظم الموحدّين ليسوا بمتجرّدين عن الأسباب، ولكن هنالك من يُشْمِلُهُ التَّوحِيدُ حَدَّ التجرّدِ فلا يعد يرى سوى ربِّ الأسباب. فإذا أسكَرَ الفناءُ في الله حواسَه وعقلَه وتحدّث في وصف هذه الحالة الروحيّة الخاصّة التي تعجز اللغة عن وصفها بدقّة، بدا بعض كلامه لمن لا يدرك هذا المَقام وكأنه يفتقد التنزيهَ لله. ومن الأمثلة على هذا قول الحَلّاج «أنا الحقُّ» و «ما في الجُبَّةِ إلا الله».

ألزِمِ الكُلَّ الحَدَثَ لأنَّ القِدَمَ لَهُ. فالذي بالجسمِ ظهوره فالعَرَض يلزمه، والذي بالأداة اجتماعه فقواها تُمْسِكُه، والذي يؤلِّفُه وَقتٌ يُفرِّقُه وَقتٌ، والذي يُقِيمُهُ غَيرُهُ فالضرورَة تَمَسُّهُ، والذي الوَهْمُ يَظفرُ بِه فالتصويرِ يَرتَقي إليهِ. ومن آواه مَحَلٌّ أَدْرَكَهُ أينَ، ومن كان له جِنْسٌ طالَبَهُ مُكيِّفٌ.

كل شيء سوى الله مُحدَث لأنه وحده قديم. فما له جسم يكون عُرْضة للتغيير، والذي يقيمه سببٌ يكون وجودُه مرهونًا بدوام ذلك السبب، وما ينشأ في وقت ما يختفي في آخر، وما يمكن تخيّله يمكن تصويره، ومن احتواه حيّز أمكَنَ الحديث عن مكانه، ومن كان له نوعٌ فإنه عُرْضة للتغيير بقوانين صانع النوع. لا تنطبق هذه الصفات على الله عَزَّ وجَلَّ.

إنّه سُبحانه لا يُظِلُّهُ فوقَ ولا يُقِلُّهُ تَحْتَ، ولا يقابِلُهُ حَدٌ ولا يُزاحِمُهُ عِنْدَ، ولا يأخُذُهُ خَلْفَ ولا يَحِدُّهُ أَمامَ، ولَمْ يُظهِرْهُ قَبْلَ ولَمْ يُفْنِهِ بَعْدَ، ولَمْ يَجْمَعْهُ كُلُّ، ولَمْ يُوجِدْهُ كانَ، ولَمْ يُفْقِدْهُ لَيْسَ.

لا تحدِّدُ اللهَ الجهاتُ ولا تحُدُّه، وليس هنالك وقتٌ لم يكن أو لن يكون فيه موجودًا، وهو ليس بعُرْضَةٍ لزيادة أو نقصان.

وَصْفُهُ لا صِفَةَ لَهُ، وفِعْلُهُ لا عِلَّةَ لَهُ، وكَوْنُهُ لا أَمَدَ لَهُ. تنَزَّهَ عن أحوالِ خَلقِهِ. ليس لَهُ من خَلْقِهِ مِزاجٌ، ولا في فِعْلِهِ عِلاجٌ. بايَنَهُم بِقِدَمِهِ كما بايَنوهُ بحِدوثِهِم.

لا تصفه النعوت، ولا سبب لفعله سوى مشيئته، ولا نهاية لوجوده لأنه أبدي. لا تنطبق عليه أحوال خلقه، ولا يخالطهم، ولا يتفاعل معهم. يتميّز عن خلقه بقِدَمِهِ ويتميزّون عنه بحَدَثِهِم.

إن قُلتَ «متى»، فَقَد سَبَق الوَقْتَ كَوْنُهُ. وإن قلت «هو»، فالهاءُ والواوُ خَلْقُه. وإن قلت «أينَ»، فَقد تَقَدَّمَ المكانَ وُجودُه.

لا يُشارُ إليه بـ «متى» و «أينَ» لأنه خالق الزمان والمكان فَسَبَقَ وجودُه وجودَهما وهو عَزَّ وجَلَّ خارج نطاقِهما. كُلُّ شيء من خلقه، حتى حرفي كلمة «هو» التي تشير إليه.

فالحُروفُ آياتُه، ووُجودُهُ إثباتُه، ومَعرِفَتُه تَوحِيدُهُ، وتَوحِيدُهُ تَمَيُّزُه من خَلْقِهِ. ما تُصُوِّرَ في الأَوْهام فهو بِخِلافِهِ. كيف يَحُلُّ به ما مِنْهُ بِدأه؟ أو يَعودُ إليه ما هو أَنْشَأه؟ لا تُماقِلُه[1] العُيونُ، ولا تقابِلُهُ الظُّنونُ.

[1] تنظر إليه.

قُرْبُه كَرامَتُه وبُعدُهُ إهانَتُه. عُلُوُّهُ من غير توقُّلٍ[1] ومَجيئُهُ مِن غَيرِ تَنَقُّلٍ. ﴿هُوَ ٱلْأَوَّلُ وَٱلْآخِرُ وَٱلظَّاهِرُ وَٱلْبَاطِنُ﴾ (الحديد ٣)، القريبُ البَعيدُ، الذي ﴿لَيْسَ كَمِثْلِهِ شَيْءٌ وَهُوَ ٱلسَّمِيعُ ٱلْبَصِيرُ﴾ (الشّورى ١١).[2] («الرِّسالة القُشَيرِيّة»، ٢٧-٢٨).

حروفُ وَحيِهِ هي آياتٌ تشير إليه، ووجوده هو الدليل عليه، ومعرفته حقًّا تعني توحِيدَه، وتوحيدُه يعني تمييزه عن خلقه وتنزيهه عما يتوهّم الخيال عنه. لا تصله العيون ولا تدرك كُنهَه الظنون. لا يوصَف بتعابير الحركة. هو الأول قبل أن يكون أي شيء والباقي بعد أن يذهب كل شيء. هو أظْهَرُ من كُلِّ شيءٍ فكل ما خَلَقَ يشير إليه، وهو أخْفَى من كُلِّ شيءٍ فلا حاسَّةَ ولا مَلَكةَ تصل إليه. وهو قريب كل القُربِ من خلقِه وهم بعيدون كُلَّ البُعدِ عنه، فلا شبيه له ولا يخفى عنه شيء.

من عَرَفَ الحَقيقةَ في التَّوْحِيدِ سَقَطَ عنه «لِمَ» و «كيف» («الرِّسالة القُشَيرِيّة»، ٣٦).

المُوَحِّدُ حَقًّا لا يسأل لماذا حَدَثَ شَيءٌ ولا كيفَ حَدَثَ لأنه يعلَم بأن جواب السؤالين هو المشيئة الإلهيّة.

---

[1] الصعود.

[2] استشهد ابن تيميّة («الاستقامة»، ج ١، ١١٧-١٣٩) بهذا القول الطويل نسبيًا للحلّاج وعلّقَ عليه بالتفصيل. ورغم اعتراضه على بعض ما فيه فإنّ مما وافق عليه هو ما رآه فيه من تفنيدٍ لفكرة الاتّحاد والحلول.

التَّوْحِيدُ عِنْدَ الصُّوفيَّة

[اللّٰه هو] مُعِلُّ الأنامِ ولا يعتَلُّ («الرِّسالة القُشَيرِيّة»، ٤٩٦).

اللّٰه سبب وجود كل مخلوق ولا سبب لوجوده هو.

أَوَّلُ قَدَمٍ في التَّوْحِيدِ فَناءُ التَفْرِيدِ («كَشْفُ المحجوب»، ٥٢٥).

أَوَّلُ مَقاماتِ التَّوحِيد هو الفناء الذي لا يرى العبدُ فيه أحدًا سوى الفَردِ الواحدِ، اللّٰه عَزَّ وجَلَّ.

أحمد بن عَطاء البغدادي الآدَمي*

علامةُ حقيقةُ التَّوْحِيدِ نِسيانُ التَّوْحِيد، وصدق التَّوْحِيدِ أن يكون القائمُ به واحدًا («اللُّمَع في التَّصوُّف»، ٥٥).

يكون التَّوْحِيد حقيقيًا حين يكون حالًا دائمًا، لا وقتيًّا، وعلامة ذلك عدم وعي الموحّد بأنه في ذلك الحال. فالمُوَحِّدُ في حالٍ واحدٍ مستمرٍ من التَّوحِيدِ.

المَعرِفةُ مَعرِفَتان: مَعرِفَةُ حَقٍ ومَعرِفَةُ حَقيقةٍ. فمَعرِفَةُ الحق هي مَعرِفَةُ وَحدانِيَّتِهِ على ما أَبْرَزَ للخَلْقِ من الأسامي والصفاتِ. ومَعرِفَةُ الحَقيقة على أن لا سَبيلَ إليها لامتناعِ الصَمَدِيَّةِ وتَحْقيقِ الرُبوبية لقولِه عَزَّ وجَلَّ، ﴿وَلَا يُحِيطُونَ بِهِ عِلْمًا﴾ (طه ١١٠) («اللُّمَع في التَّصوُّف»، ٥٦).

عرَّف الله خلقَه بوَحدانيّته بما كشف من أسمائه وصفاته. أما غير ذلك من حقيقته فلا سبيل لمخلوقٍ إليها لاستحالة معرفة الرب من قِبَل العبد.

العَقلُ آلةٌ للعُبودِيَّةِ لا للإشرافِ على الرُبوبِيَّةِ («التعرُّفُ لمذهَبِ أهلِ التَّصوُّفِ»، ٣٧).

---

* مجهول-٣٠٩/مجهول-٩٢٢. صَحِبَ الجُنَيد البغدادي. سأله الوزير حامِد بن العبّاس عن رأيه في الحلّاج ليرى إن كان سيذمّه أم لا، فردَّ عليه بأن الأجدر به أن يفكّر بما أخذ من الأموال وسفك من الدماء، فأمر الوزير الغاضِب بخَلعِ أسنانه، فتُوُفِّيَ بعد أسبوعين.

العقلُ وسيلةٌ لتحقيق العبوديّة لا للإحاطَةِ بحقيقة ربوبيّة الله.

كُلّ ما سَئلتَ عنه فاطلبه في مَفازَةِ[1] العِلم، فإنْ لَمْ تَجِدْه ففي مَيدانِ الحِكْمَةِ، فإنْ لَمْ تَجِدْه فَزِنْهُ بالتَّوْحِيد. فإنْ لَمْ تَجِدْهُ في هذه المواضِعِ الثلاثَةِ فاضرِبْ بِهِ وَجْهَ الشيطانِ («الرِّسالة القُشَيرِيّة»، ٩٧).

أي شيء لا يؤيّده العلمُ أو تشهد به الحكمةُ أو يشير إلى وَحدانيّة الله عَزَّ وجَلَّ هو ضَلالة من الشيطانِ يجب تجنّبها.

[1] مكان الفوز والنجاة.

أبو محمد الجُرَيري*

مَنْ لم يَقِفْ على عِلْمِ التَّوْحِيدِ بشاهِدٍ من شَواهِدِهِ زَلَّ به قَدَمُ الغُرورِ في مَهواةٍ من التَّلَفِ (اللُّمَع في التَّصوُّف، ٤٤٤).

الكلام في التَّوْحِيد من غير علمٍ به غرور يعرّض المرء للوقوع في هاويةٍ من الأخطاءِ المُهلِكة.

ليسَ لعِلمِ التَّوْحِيدِ إلا لِسانُ التَّوْحِيدِ («الرِّسالة القُشيرِيّة»، ٤٩٣).

علم التَّوْحِيد مبنيٌ بالكامل على ما أنزل الله من كلامٍ حكيمٍ في التَّوحِيد، فأي اجتهادٍ فيه لا يكون إلّا في تفسيرِ الوحيِ القرآني.

* مجهول-٣١١/مجهول-٩٢٤. من أصحاب سَرِيِّ السَّقَطِيِّ وسَهْلِ التُّسْتَري والجُنَيدِ البغدادي.

أبو الحُسَيْن الوَرّاق النَّيسابُوري*

اليَقِينُ ثَمَرَةُ التَّوْحِيدِ، فَمَنْ صَفا فِي التَّوْحِيدِ صَفا لَهُ اليَقِينُ («طَبَقاتُ الصُّوفيَّة»، ٢٣٠).

إذا لم يكن توحيدُ المرءِ كاملًا، فلن يصِلَ إيمانُه إلى درجةِ اليقين.

* مجهول-٣١٩/مجهول-٩٣١. من مدينة نيسابور في مقاطعة خراسان شمالي شرق إيران. كان عالمًا بالشريعة.

أبو بكر الواسطي*

المُوَحِّدُ لَا يَرى إِلَّا رُبوبِيَّةً صِرْفًا تولَّت عُبودِيَّةً مَحْضًا، وَفِيه مُعالجُة الأقدارِ ومُغالَبةُ القِسْمَة («طَبَقاتُ الصُّوفيَّة»، ٢٣٣).

التَّوْحِيد الكامل يعني رؤية المرء لله عَزَّ وجَلَّ بأنه الرب الواحد ذو السلطة المُطلَقة ورؤيته لنفسه بأنه عبد لا خيار له سوى الاستسلام الكامل لإرادة ربّه. هذا يتضمّن الإيمان بأن الأقدار كلّها من الله وأنه لا يصيب العبد إلا ما قَسَمَه الله له.

لما كانت الأرواح والأجساد قامتا بالله وظهرتا به لا بذواتها، كذلك قامت الخطراتُ والحركاتُ بالله لا بِذَواتها. إذ الحركاتُ والخطراتُ فروعُ الأجسادِ والأرواحِ («الرِّسالة القُشَيرِيّة»، ٣٠-٣١).

إنَّ الأرواح والأجساد من خلق الله وديمومتها بمشيئته، فكذلك حال كل ما ينتج عن الأرواح والأجساد. فالله هو خالق جواهر الأشياء وكل الأعراض التي تنتج عنها، سواء كانت مادّية كالحركات أو معنويّة كالأفكارِ.

الكُفرُ والإيمانُ والدنيا والآخرة من الله، وإلى الله، وبالله، ولله: من الله إبتداءً وإنشاءً، وإلى الله مَرجعًا وانتهاءً، وبالله بَقاءً وفَناءً، ولله

* مجهول-٣٢٠/مجهول-٩٣٢. أصله من فَرغانة التي تقع اليوم في أوزبكستان. زار بغداد وصاحَبَ أبو الحُسَيْن النُّورِي والجُنَيدَ البغدادي، ثم ترك بغداد وعاش في خُراسان.

مُلْكًا وخَلْقًا («الرِّسالة القُشَيرِيّة»، ٣١).

التَّوحِيدُ الكاملُ هو الإيمان بأن كل شيء من الله ولله وإن تعدَّدَت الأسباب والطرق واختلفت.

الصدق هو صحة التَّوْحِيدِ مع القَصْد («الرِّسالة القُشَيرِيّة»، ٣٦٧).

الصدقُ هو قَرْنُ التَّوْحِيد السليم بالمثابَرَة في طلب الله عَزَّ وجَلَّ، فالصدق هو جمْعُ الإيمانِ والعملِ الصالِحِ.

ما أحدَثَ اللهُ شيئًا أكرَمَ من الروح («الرِّسالة القُشَيرِيّة»، ٣٦).

حتى الروح التي هي أكرم ما خَلَقَ الله مُحدَثةٌ، فكلِّ شيءٍ مُحدَثٌ سوى الله الذي هو وحده قديم.

محمد بن علي التِّرْمِذي*

دَعَا اللهُ المُوَحِّدينَ إلى هَذِه الصَّلَوَاتِ الخَمسِ رَحْمَةً مِنْهُ عَلَيْهِم. فَهَيَّأَ لَهُم فِيهَا ألوانَ الضيافاتِ لينالَ العَبْدُ من كُلِّ قولٍ وَفِعلٍ شَيْئًا من عَطاياه. فالأفعالُ كالأطْعِمَةِ والأقوالُ كالأشرِبَةِ، وَهِي عُرْسُ المُوَحِّدينَ («طَبَقاتُ الصُّوفيَّة»، ١٧٦).

الصلوات الخمس اليوميّة من شعائر التَّوْحِيد وتعابيره، وقد جعل الله فيها للموحِّدِ مِنَحًا روحيةً كثيرةً في كلِّ كلمةٍ ينطقها وحركةٍ يقوم بها.

---

* مجهول-٣٢٠/مجهول-٩٣٢. أصله من «تِرمِذ»، التي تقع اليوم في أوزبكستان، ولذلك يُعرَفُ أيضًا بـ«الحكيم التِّرمِذي»، نُفِيَ من تِرمِذ بسبب كتابه «خَتْمُ الولايةِ وعِللُ الشريعةِ» لاتهامِهِ خطأً بتفضيلِ الولايةِ، أي المراتب الروحيّة للمُسلِم، على النبوّة. زار نيسابور حيث حدَّثَ عنه مشايخها.

أبو علي الجوزجاني*

ثلاثةُ أَشْيَاءٍ مِنْ عَقْدِ التَّوْحِيد: الخَوْفُ والرجاءُ والمحبّةُ. فَزِيَادَةُ الخَوْفِ من كَثْرَةِ الذُّنُوبِ لرؤيةِ الوَعيد، وَزِيَادَةُ الرَّجاءِ من اكْتِسَابِ الخَيْرِ لرؤيةِ الوَعْدِ، وَزِيَادَةِ المحبَّةِ من كَثْرَةِ الذّكرِ لرؤيةِ المِنَّةِ.

الخوفُ من عذاب الله، ورجاءُ خيرِه، وحبُّه يُحكِمون توحيدَ العبد.

فالخائفُ لَا يستريحُ من الهَرَبِ، والراجيُ لَا يستريحُ من الطّلَبِ، والمُحِبُّ لَا يستريحُ من ذِكْرِ المَحبوبِ لرؤيته لأفضاله.

الخائفُ دائمُ الهربِ من الذنوب، والراجي لا يتوقّف عن طلبِ العمل الصالح والقرب من الله، والمُحبُّ في ذكرٍ دائمٍ لحبيبه لوعيه المستمرِّ بأفضاله.

فالخوفُ نَارٌ مُنَوِّرةٌ، والرَّجاءُ نورٌ مُنَوِّرٌ، والمَحَبَّةُ نورُ الأَنْوَارِ («طَبَقاتُ الصُّوفيَّة»، ١٩٧).

الخوفُ نورُ هداية، والرجاءُ ضوءٌ ينير الطريق إلى الله، والحبُّ أصلُ أنوارِ الهدايةِ

---

* مجهول الولادة والوفاة ولكن ذكَرَ أبو عبد الرحمن السُّلَمي في «طبقات الصُّوفيّة» بأنه صحب محمدًا بن علي التِّرْمِذي (ت ٩٣٢/٣٢٠) وكان قريب السنِّ منه. من خُراسان وله عدد من المؤلّفات.

إليه عَزَّ وجَلَّ.

أحمد أبو علي الرُّوْذَبارِي*

التَّوْحِيد هو استقامةُ القَلبِ بإثباتِ مُفارَقَةِ التَّعْطيلِ و إنْكارِ التَشبيهِ. والتَّوْحِيد في كَلِمةٍ واحِدةٍ هو، «كُلُّ ما صَوَّرَتهُ الأوهامُ والأفكارُ فاللهُ سبحانَه بِخِلافِه»، لقوله تعالى، ﴿لَيۡسَ كَمِثۡلِهِۦ شَيۡءٞۖ وَهُوَ ٱلسَّمِيعُ ٱلۡبَصِيرُ﴾ (الشّورى ١١) («الرِّسالة القُشَيرِيّة»، ٣٢).

التَّوْحِيد يعني الإيمان بأن أسماء وصفات الله عَزَّ وجَلَّ قديمة وعدم تشبيهه بشيء موجود أو من نتاج الخيال والأفكار.

كُلُّ ما توَهَّمَهُ مُتوهِّمٌ بالجهلِ أنه كذلك فالعقلُ يدلُّ على أنّه بخِلافِه («الرِّسالة القُشَيرِيّة»، ٣٤).

العقل يدلّل على أن كل ما قد يُتَخيَّل عن حقيقة الله هو وهمٌ ناتجٌ عن جهلٍ.

---

* مجهول-٣٢٢/مجهول-٩٣٤. أصله من بغداد حيث صحب أبا الحُسَيْن النُّورِي والجُنَيدَ البغدادي. انتقل فيما بعد إلى مِصر وتُوُفِّيَ فيها.

أبو الحَسَن خَير النَّسّاج*

خَيرُ تَوْحِيدِ كُلِّ مَخْلُوقٍ نَاقصٌ لِقِيَامِهِ بِغَيْرِهِ وَحَاجَتِهِ إِلَى غَيرِهِ. قَالَ اللّٰه تَعَالَى، ﴿يَٰٓأَيُّهَا ٱلنَّاسُ أَنتُمُ ٱلْفُقَرَآءُ إِلَى ٱللَّهِ﴾، أَي المحتاجون إِلَيْهِ فِي كُلِّ نَفَسٍ، ﴿وَٱللَّهُ هُوَ ٱلْغَنِيُّ﴾ عَنْكُم وَعَن تَوْحِيدِكُم وأفعالِكُم، ﴿ٱلْحَمِيدُ﴾ (فاطِر ١٥) الَّذِي يَقبلُ مِنْك ما لا يَحْتَاجُ إِليهِ ويُثيبُكَ على ما تَحْتَاجُ إِلَيْهِ («طَبَقاتُ الصُّوفيَّة»، ٢٤٩).

توحيدُ المخلوقِ لله يبقى ناقصًا لأن كلَّ مخلوقٍ يعتمد على غيره، وجميع الخلق يعتمدون على الله الذي لا يحتاج أحدًا. وَمِنْ كرَمِه أنه يثيبهم على عبادتهم له رغم عدم حاجته لأن يُعبَد وحاجة العابدين أن يعبدوه.

* ٢٠٢-٣٢٢/٨١٨-٩٣٤. مِنْ أَهْلِ سَامَرَّاءَ ولكن سَكَنَ بَغْدَادَ. صَحِبَ سَرِيَّ السَّقَطِيِّ.

أبو الحَسَن علي بن محمد المُزَيِّن*

المعرفَةُ أَن تَعرِفَ اللهَ تَعَالَى بِكَمَالِ الرّبوبِيَّةِ وتَعرِفَ نَفسَكَ بالعُبودِيَّةِ. وتَعْلَمَ أَنَّ اللهَ تَعَالَى أَوَّلُ كُلِّ شَيءٍ، وَبِهِ يَقومُ كُلُّ شَيءٍ، وَإِلَيْهِ مَصيرُ كُلِّ شَيءٍ، وَعَلَيهِ رِزْقُ كُلِّ شَيءٍ («طَبَقاتُ الصُّوفيَّة»، ٢٨٩).

معرفة الله هي الإيمان بأنّه الربّ الواحد وأنّ كل شيء هو عبدٌ له، وأن منه مُبتَدأ كل شيء، وعليه استمراره، وإليه مُنتَهاه.

التَّوْحِيد أَن تُوَحِّدَ اللهَ بالمَعْرِفَةِ وتُوَحِّدُهُ بِالعبادَةِ وتُوَحِّدُهُ بِالرُّجُوعِ إِلَيهِ فِي كُلِّ مَا لَكَ وَعَلَيكَ، وتَعْلَمَ أَنَّ مَا خَطَرَ بِقلبِكَ أَو أَمْكَنَكَ الإِشارَةُ إِلَيْهِ فَاللهُ تَعَالى بِخِلَافِ ذَلِك، وتَعْلَمَ أَن أَوْصَافه مُبايِنَةٌ لأَوْصافِ خَلْقِهِ. بايَنَهُم بِصِفاتِهِ قِدَمًا كَمَا بايَنوهُ بِصفاتِهم حَدَثًا («طَبَقات الصُّوفيَّة»، ٢٩٠).

التَّوْحِيدُ هو إيمانٌ وعملٌ. إيمانُ التَّوْحِيد هو تنزيه الله عن كل ما موجود أو يمكن تخيّله والتمييز بين صفاته وصفاتِ خلقِه وإن اشتركت في اللفظ، فصفاته قديمة بينما صفات خلقِه مُحدَثة من قِبَلِه. أما توحيده عملًا فيكون بعبادتِهِ وَحدِهِ، والتوكّلِ

* مجهول-٣٢٨/مجهول-٩٤٠. أصله من بغداد. صَحِبَ سَهْلَ التُّسْتَرِي وَالجُنَيْدَ البغدادي، وعاشَ في مَكَّةَ.

عليه، والاحتكامِ إليهِ في كلِّ أمرٍ.

إِنَّ الَّذِي عليْهِ أَهْلُ الْحقِّ فِي وَحْدَانِيَّتِهِ أَنْ اللَّهَ تَعالى غَيْرُ مَفْقُودٍ فَيُطْلَبُ وَلا ذُو غَايَةٍ فَيُدْرَكُ. فَمَنْ أَدْرَكَ مَوْجودًا مَعلومًا، فَهُوَ بِالْمَوْجُودِ مَغْرورٌ. وَالْمَوْجُودُ عِنْدَنا مَعْرِفَةُ حَالٍ وَكَشْفُ عِلْمٍ بِلَا حَالٍ. لِأَنَّ الْحَقَّ بَاقٍ بِصِفَةِ الْوَحْدَانِيَّةِ التي هِيَ نَعْتُ ذاتِهِ، ولَيسَ كَمِثْلِهِ شَيْءٌ، وَهُوَ لَيْسَ شَيْءٌ كَالْأَشْيَاءِ.[1] وَالتَّوْحِيدُ هُوَ أَنْ تُفْرِدَهُ بِالْأَوَلِيَّةِ وَالْأَزَلِيَّةِ دُونَ الْأَشْيَاءِ. جَلَّ رَبُّنَا عَنِ الْأَكْفاءِ وَالْأَمْثَالِ («حِليَةُ الأَوْلياءِ»، ج ١٠، ٣٤١).

لا يمكن أن يُعرَفَ اللهُ كما تُعرَفُ الأشياءُ لأنّه فريدٌ لا شبيه له وليس في متناول مَصادر العلمِ: الحواس والعقل والكشف الروحي. فالتَّوْحِيدُ هو الإقرار بأن الله عَزَّ وجَلَّ كان قبل كلِّ شيءٍ وباقٍ بعد كلِّ شيءٍ وأنه لا كُفُوَ ولا شبيهَ له.

[1] وردَ النصُّ في المصدر خَطأً على شكل «شَيْءٌ لَيْسَ كَالْأَشْيَاءِ».

عبد الله بن محمّد المُرْتَعِش النَّيسابُوري*

أُصُولُ التَّوْحِيدِ ثَلَاثَةُ أشياءٍ: مَعرفَةُ اللهِ تَعَالَى بالرّبوبِيّةِ، وَالإِقْرَارُ لَهُ بالوَحدانِيَّةِ، وَنفْيُ الأندادَ عَنهُ جُملَةً («طَبَقاتُ الصُّوفيَّة»، ٢٦٧).

التَّوحِيدُ مبنيٌ على الإيمان بأنّ اللّه هو ربّ كلِّ شيءٍ، وأنّه واحِدٌ، وأنّه لا كُفُوَ له.

---

* مجهول-٣٢٨/مجهول-٩٤٠. أقام في مسجد الشونيزيّة المندثِر في بغداد، وتُوُفِّيَ فيه. صَحِبَ الجُنَيْدَ البغدادي.

جَعْفَر أبو بَكْر الشِّبلي*

من أجاب عن التَّوْحِيد بالعبارةِ فهو مُلحِدٌ، ومن أشار إليه فهو ثَنَويٌّ، ومن سَكَتَ عنه فهو جاهِلٌ، ومن وَهَمَ أنّه واصلٌ فليس له حاصِلٌ، ومن أومأَ إليه فهو عابِدُ وَثَنٍ، ومن نَطَقَ فيه فهو غافِلٌ، ومن ظَنَّ أنه قريب فهو بَعيدٌ، ومن تَواجَدَ فهو فاقِدٌ، وكلُّ ما مَيَّزْتُموهُ بأوهامِكم وأدركتُموه بعقولِكم في أَتَمِّ معانيكم فهو مصروفٌ مردودٌ إليكم، مُحَدَثٌ مَصنوعٌ مِثلكم («اللُّمَع في التَّصوُّف»، ٥٠).

التحدّث عن الله والتفكّر فيه والإشارة إليه كباقي الأشياء هو وهمٌ وباطلٌ. لا تدرك الله العقول ولا الخيالات لأنّها مُحْدَثة وكلّ ما يصدر عنها مُحْدَثٌ، والمُحدَثُ لا يدرك القديمَ.

قال لرجل، «أتدري لم لا يَصِحُّ لك التَّوْحِيد؟» قال، «لا». قال، «لأنك تطلبه بإياكَ» («اللُّمَع في التَّصوُّف»، ٥٣).

* ٢٤٧-٣٣٤/٨٦٢-٩٤٦. وُلِدَ بِسامَرّاء، العراق، ولكن كان والده مِنَ قرية الشِبْليّة في خُراسان. تَابَ فِي مجْلِس خير النَّسّاج وصَحِبَ الجُنَيْدَ البغدادي وغدا من أشهر أعلام التَّصوُّف. له ديوان شعر ونُقِلَت عنه الكثير من الأقوال في التَّصوُّف. كَانَ فَقِيْهًا على مَذْهَب مَالِك. دُفِنَ في مقبرة الخيزران في منطقة الأعظمية، بغداد.

لكي يَصِحَّ توحيدُ العبدِ يجب أن يجعل نفسه أداةً بيد اللّٰه، وهذا يعني التسليم له عَزَّ وجَلَّ والتوكّلِ عليه، وحينئذ يرى جُهدَه تمكينًا من اللّٰه ويجعله في تنفيذِ مشيئةِ اللّٰه.

لا يَصِحُّ التَّوْحِيدُ الا لمن كان جَحْدُه إثباتَهُ. فسُئِل عن الإثباتِ، فقال: «إسقاطُ الياءاتِ» («اللُّمَع في التَّصوُّف»، ٥٤).

لا يكون التَّوحِيدُ سليمًا إلا بإنكار المُوَحِّدُ لقُدرَته وإثباتِه لقدرةِ المُوَحَّدِ بعدمِ نسبة الأفعال إلى نفسه كقوله «لِي» و «بِي» و «مِنّي» وغيرها من استخدامات ياء المِلْكِيَّة.

من اطَّلَعَ على ذَرّةٍ من علم التَّوْحِيد ضَعُفَ عن حِملِ بَقَّةٍ لثُقلِ ما حَمَل («اللُّمَع في التَّصوُّف»، ٥٤).

التَّوْحِيدُ علمٌ واسعٌ له نتائج فكرية وسلوكية عظيمة تشغل قدرة العالِمِ به.

من اطَّلَعَ على ذرة من علم التَّوْحِيد حَمَلَ السمواتِ والأرضَ على شعرةٍ من جِفْنِ عينيه («اللُّمَع في التَّصوُّف»، ٥٤).

التَّوْحِيدُ علمٌ عظيمٌ، الاطّلاعُ على بعضه يصغّر كلَّ شيءٍ آخر في عين المُوَحِّد.

توحيدُ البشريّة خَوفُ العقوباتِ وتوحيدُ الألوهيّة توْحِيدُ التَعظيم («اللُّمَع في التَّصوُّف»، ٥٤).

حين يعكس توحيدُ اللّٰه الطبيعة البشرية للموحّد فإنّه يتجسّد في خوفِه من

عقوبات الله عَزَّ وجَلَّ، وحينما يعكس التَّوحِيد إلهيّةَ الخالق فإنّه يتجسّد في تعظيمه سبحانه وتعالى.

كُلُّ إشارةٍ أشار الخلقُ بها إلى الَحقِّ فهي مَردودةٌ عليهم حَتّى يشيروا إلى الحقِّ بالحقِّ. ليس لهم إلا ذلك طريقٌ («اللُّمَع في التَّصوُّف»، ٢٩٥).

وصف الله بغير ما وصف به نفسه في القرآن الكريم هو ضلالة.

توحيدُ المُوَحِّدِ [هو] أن يُوَحِّدُكُ اللهُ به، ويُفرِدُكَ له، ويُشهِدُكَ ذلك، ويُغيِّبُكَ بِهِ عما يُشهِدُكَ. وهذا صِفَةُ توحيدُ الخاصِّ («اللُّمَع في التَّصوُّف»، ٤٢٤).

تَوْحِيدُ من هو من أهل الخواص هو أن يجعله اللهُ مشغولًا به فقط، غائبًا فيه عن غيره.

كَيفَ يَصِحُّ لَك التَّوْحِيدُ وَكُلّما مَلَكْتَ شيئًا مَلَكَكَ وَكُلّما أَبْصَرتَ شَيْئًا أَسَرَكَ؟ («طَبَقاتُ الصُّوفيَّة»، ٢٦٤).

لا يصِحُّ توحيدُ من تملكه مشاغلُ الدنيا لأنَّ التَّوحِيدَ يتطلّب عبوديّةً كاملةً، أي يكون العبد مملوكًا لله وحده.

الواحد [هو] المعروفُ قبلَ الحُدودِ وقبلَ الحُروفِ («الرِّسالة القُشَيرِيّة»، ٢٥).

اللّه أقدمُ من كلِّ الحدودِ المادّية والمعنوية وكلامُه أقدمُ من حروف أقدم لغة.

وسُئِلَ عن قوله تعالى، ﴿ٱلرَّحۡمَٰنُ عَلَى ٱلۡعَرۡشِ ٱسۡتَوَىٰ﴾ (طه ٥)، فقال: «الرحمنُ لَمْ يَزَل، والعرشُ مُحْدَثٌ، والعرشُ بالرحمن استَوَى» («الرِّسالة القُشَيرِيّة»، ٣٤).

اللّه أزليٌ بينما العرشُ مخلوقٌ، والاستواء هو حالٌ للعرشِ أحدَثَه اللّه.

التَّوْحِيد صِفَةُ المُوَحِّدِ حَقيقَةً وحِليةُ المُوحِّدِ رَسْمًا («الرِّسالة القُشَيرِيّة»، ٤٩٤).

واحديّة اللّه أَزَلِيَّةٌ، لا وَصفَ أسبَغَهُ عليه مخلوقٌ، ولذلك تُقدِّمُ هذه الآية الكريمة شهادة اللّه لواحديّته وتَفْصِلُها عن شهادة الملائكة وأولي العلم، ﴿شَهِدَ ٱللَّهُ أَنَّهُۥ لَآ إِلَٰهَ إِلَّا هُوَ وَٱلۡمَلَٰٓئِكَةُ وَأُوْلُواْ ٱلۡعِلۡمِ قَآئِمَۢا بِٱلۡقِسۡطِ لَآ إِلَٰهَ إِلَّا هُوَ ٱلۡعَزِيزُ ٱلۡحَكِيمُ﴾ (آل عمران، ١٨). أما توحيده عزَّ وجَلَّ فهو حالٌ محمودٌ من آثار واحدية اللّه يظهر على المُوحِّدُ.

العارِفُ لا يكون لغيرِهِ لاحِظًا، ولا بِكلامِ غيرِهِ لافِظًا، ولا يرى لنفسِهِ غَير اللّه تعالى حافِظًا («الرِّسالة القُشَيرِيّة»، ٥١٤).

من عرف اللّه بالطاعةِ والقُربِ لا يرى غيره، ولا ينطق إلا بما يُنطِقه به، ولا يتوكّل على غيره.

مُحَمَّد بن عبد الجبار النِّفَّرِي*

وقال لي، «إذا رَأيتَني، قَسَمَكَ عني كلُّ ما تَراهُ سِوايَ بعينِك وقلبِك» («المَواقِف»، ٢٥).[١]

إذا وصلَ العبدُ مَقامَ رؤية الله بقلبِه، فرؤية أي شيء سواه بعَينِه أو بقلبِهِ يُبعِدُهُ عن ربِّه عزَّ وجَلَّ.

وقال لي، «﴿وَٱلَّذِينَ جَٰهَدُواْ فِينَا﴾ (العنكبوت ٦٩) الذين رأوني، فلما غِبْتُ غَطَّوا عُيونَهم غَيرَةً أن يُشرِكوا بي في الرُّؤْيَةِ» («المَواقِف»، ٢٥).

المعنى العام للجهاد هو التصدّي لعدوٍ ظالمٍ. أحياناً، يعني الجهاد على وجه التحديد قتالَ معتدٍ، ولكنّ معناه الدائمي هو محاربة عدو الإنسان الداخلي، النفس، ﴿إِنَّ ٱلنَّفۡسَ لَأَمَّارَةُۢ بِٱلسُّوٓءِ﴾ (يوسف ٥٣). حين عاد جماعة من المسلمين من غزوةٍ، قال لهم النبي ﷺ، «قَدِمتُم خيرَ مَقدَمٍ من جِهادِ الأصغرِ إلى جِهادِ

* مجهول-٣٥٤/مجهول-٩٦٥. أصله من مدينة نِفَّر في محافظة القادسية في جنوب العراق الحديث. أعرَضَ عن كتابةِ أفكارِهِ فيُظَنُّ بأن أحد تلاميذه، أو ابنه، أو ابن ابنته هو الذي دوَّنها. اقتبستُ أقوالَه من كتِابَي «المواقِف» و «المُخاطَبات» اللذين يضمّان كشوفاتٍ روحيّةٍ على صيغةِ خطاباتٍ من الله عَزَّ وجَلَّ له.

[١] الرقم في مصدر كل اقتباس هو رقم الموقِف أو الخِطاب، لا رقم صفحته في المصدر.

الأكبرِ». فلما سُئِلَ عن معنى جِهادِ الأكبر، قال «مُجاهَدَةُ العَبدِ لهواه».[1] هذا هو الجهاد المقصود في الآية الكريمة أعلاه. فالمجاهدون الذين يصلون مَقام رؤية الله عَزَّ وجَلَّ فلا يعودوا يروا سواه يغلقون أعينهم إذا غابَ عنها كي لا تُشرك في الرؤية شيئًا آخر.

[قال]، «ما أنا في شيءٍ ولا خالطتُ شيئًا ولا حَللْتُ في شيءٍ. ولا أنا في، ولا مِن، ولا عَن، ولا كيفَ، ولا ما. يُقال أنا أنا، أحَدٌ فَرْدٌ صَمَدٌ، وَحْدي وَحْدي» («المَواقِف»، ٤٩).

هو مُنزَّهٌ عن كل تحييزٍ وتشبيه ولا يَصِحُّ الحديثُ عنه أو وصفه كما يُشارُ إلى غيره.

[قال]، «يا عبدُ، أخْلَصْتُكَ لنفسي فإن أرِدْتَ أن يعلمَ بِكَ سِوايَ فقد أشْرَكْتَ بي، وإذا سَمِعتَ من سِوايَ فقد أشْرَكْتَ بي. أنا ربُّكَ الذي سَوّاكَ لنَفسِه، واصطفاكَ لمحادَثَتِه، وأشهَدَكَ مَقامَ كلَّ شيءٍ منه، لتَعلَمَ أن لا مَقامَ لك في شَيءٍ من دونِه. إنَّما مَقامُك رؤيتُهُ، وإنَّما إفرادُك حَضْرَتُهُ» («المُخاطَبات»، ٢).

قد يصطفي اللهُ لنفسه عبدًا وينعَم عليه بالكشوفاتِ الروحيّةِ ويجعلَ مَقامَه رؤيتَه ويتفضّل عليه بأن يبقيه في حضرته. فإذا شَغَل هذا العبدُ نَفسَه بغير ربّه أو حتى

[1] البيهقي، «الزُّهْدُ الكبير»، ٣٧٣.

أطلعَ الغيرَ على حالِه، فقد أشْرَكَ به.

[قال]، «يا عبدُ، أنتَ رَقُّ ما استولى عليك. يا عبدُ، إن رأيتني في استيلائه واستولى عليك، فاحذرْ لا أكتُبْك مُشركًا» («المُخاطَبات»، ٢٤).

الإنسانُ عبدُ من يملكه. إذا سَمَحَ لغيرِ الله بامتلاكِهِ من بعد أن شَهِدَ بأنه مَولى كلِّ شيءٍ، يكون في خطر الوقوعِ في الشِّرك.

[قال]، «يا عبدُ، أَرَأيتَ مُتلاقَينِ استوقَفَ أحدَهُما حديثُ صاحِبِهِ وأوْقَفَتِ الآخر رُؤْيَتُهُ له، أيُّهما أولى بالمودَّةِ والصِّدقِ في ادّعاءِ المحبَّةِ؟ يا عبدُ، أشْرَكَ من استَوْقَفَه الحَديثُ، أخْلَصَ من استَوْقَفَه المُحِّدثُ. كذلك مَهما حِشْتُكَ[1] بالذِّكْرِ والحكمةِ عَليَّ فأنتَ بما حاشَكَ لا على ما حاشَكَ» («المُخاطَبات»، ٣٧).

المُوحِّدُ الحقيقيُّ لا يطلب سوى الواحدِ عَزَّ وجَلَّ، فهو يرى حتى ذكرَه لربّه وما يُنعِمُ عليه من حكمةٍ وسيلتين تقربّانه إلى مقصدِه: اللهِ. فالمُوحِّدُ الكامِلُ لا ينشغِلُ عن ربّه بالوسائل أو العطايا التي تقرّبه إليه سبحانه وتعالى.

[قال]، «يا عبدُ، أنا الدائم فلا تُخبِرُ عني الآبادُ،[2] وأنا الواحِدُ فلا

[1] جَمَعتُكَ وسُقْتُكَ.

[2] جمع «أبَدْ»، وهو «الدَّهْر».

تَشبَهُني الأعدادُ.

الله سابقٌ في وجوده لكلِّ شيءٍ، بما في ذلك الزمن، وواحِديّته فريدة ليست كالواحديّة العدديّة.

يا عبدُ، أنا الظاهِرُ فلا تراني العيونُ، وأنا الباطنُ فلا تطيفُ بي الظنونُ» («المُخاطَبات»، ٥٦).

الله ظاهرٌ فريدٌ إذ لا تصله العيونُ، وهو باطنٌ فريدٌ إذ لا تنالُ حقيقتَه الأفكارُ والتخميناتُ.

مجهولون*

التَّوْحِيدُ مُوجِبٌ يُوجِبُ الإيمانَ، فَمَن لا إيمانَ لَهُ لا تَوْحِيدَ لَهُ. والإيمانُ يُوجِبُ الشَّريعَةَ، فَمَن لا شريعَةَ لَهُ لا إيمانَ لَهُ ولا تَوْحِيدَ لَهُ. والشَّريعَةُ تُوجِبُ الأدَبَ، فَمَن لا أدَبَ لَهُ لا شريعَةَ لَهُ ولا إيمانَ لَهُ ولا تَوْحِيدَ (الجَلاجِلي البَصري، «اللُّمَع في التَّصوُّف»، ١٩٦).

هنالك علاقة ترابط صميمة بين تَوْحِيد الله عَزَّ وجَلَّ والإيمان والتمسّك بالشريعة والتحلّي بالأدب الرفيع، فإذا نقص لدى المرء أحدهم لم يكتمل عنده الآخرون.

[الفَقرُ هو] أوَّلُ مَنْزِلَةٍ من مَنازِلِ التَّوْحِيدِ (نَصْر بن الحمامي، «اللُّمَع في التَّصوُّف»، ٧٥).

جعل الصُّوفيَّة الفَقْرَ أول صِفاتِهم لأنّ الاستغناء عن كلِّ شيءٍ في سبيل الله هو أول مراتب التَّوْحِيد عندهم.

للعَقلِ دلالةٌ وللحِكمَةِ إشارةٌ وللمعرِفَةِ شهادَةٌ. فالعَقلُ يدُلُّ

---

* جمعتُ في هذا القسم أربعة أقوالٍ لأربعة صوفيّةٍ لم أجدْ سيرةَ أو حتى سنةَ وفاة أيٍّ منهم، وأربعة أقوالٍ أخرى مجهولة النسبة. وضعتُ هؤلاء الصُّوفيّةِ في هذا المكان من الكتاب لأن بعضهم على الأقل عاشوا قبل ٣٧٨ هـ - ٩٨٩ م، وهو عام وفاة مؤلف أقدم المصدرين لهذه الأقوال، الطُّوسي، فيما عاش الآخرون قبل عام ١٠٤٥/٤٣٧، الذي هو عام كتابة المصدر الثاني، «الرِّسالة القُشيرِيّة».

والحِكمَةُ تُشيرُ والمَعرِفَةُ تَشهَد. إن صَفاءَ العباداتِ لا يُنالُ إلا بصَفاءِ التَّوحيدِ (أبو الطَيِّب المَراغِي، «الرِّسالة القُشيرِيّة»، ٢٦).

العقل يدلّ على التَّوْحِيد بالبراهين المنطقية، والحكمةُ تشير إليه بإدراك الإشارات اللطيفة الخفيّة في الخلق، والمعرفة تشهدُ به بما يجود الله على العبد من كشوفات روحيّة ومشاهدات غيبيّة. ولا تكون العبادة صافية خالصة لله إلا إذا كان توحيد العابِد كاملاً.

المَعْرِفَةُ اسمٌ ومعناهُ وُجودُ تَعظيمٌ في القلبِ يَمْنَعُكَ عن التَّعْطيلِ والتَشْبيهِ (أبو بكر الزاهر اباذِي، «الرِّسالة القُشَيرِيّة»، ٢٦).

المعرِفة هي إن يصل إجلال العبد الله حَدًّا لا يمكنه معه أن ينكر قِدَم الصفات والأسماء التي وصف بها الله نفسه ولا أن يشبِّهه بشيء.

سُئِلَ بعضُ العلماء عن التَّوْحِيد، فقال: «هو اليقين». فقال السائلُ: «بيّن لي ما هو». فقال: «هو مَعرِفَتُك أن حركاتِ الخلقِ وسكونِهم فِعْلُ اللهِ عزَّ وجلَّ وَحْدَهُ لا شَريكَ لَهُ. فإذا فَعَلْتَ ذلك، فَقد وَحَّدتَهُ» (مجهول، «الرِّسالة القُشَيرِيّة»، ٣١).

التَّوْحِيدُ هو المعرفة اليقينيّة بأن الخالقَ عَزَّ وجَلَّ وراءَ كُلِّ قُدرَةٍ وقوّةٍ لمخلوقٍ.

كُلٌّ يريدُ أن يُشيرَ إليه ولكن لم يجعلَ لأحدٍ سبيلًا (مجهول، «اللُّمع في التَّصوُّف»، ٢٩٥).

إمكانيّة الإشارة إلى كلِّ شيءٍ تجعل الإنسان يحاول الإشارة إلى الله سُبحانَهُ وتَعالى أيضًا، ولكنه عَزَّ وجَلَّ ليس بشيءٍ فلا تمكن الإشارة إليه.

التَّوْحِيدُ نِسيانُ ما سِوى التَّوْحِيدِ بالتَّوْحِيدِ (مجهول، «اللُّمَع في التَّصوُّف»، ٥٢).

يكون التَّوْحِيدُ كاملًا حين يستولي على العقلِ والحواسِ بحيث ينسى المرءُ كلَّ شيءٍ آخر.

[المعرفةُ هي] تحقيقُ القلبِ بإثباتِ وَحدانيَّتِهِ بكمالِ صِفاتِهِ وأسمائِهِ. فإنَّهُ المُتَفَرِّدُ بالعِزِّ والقُدرَةِ والسُلطانِ والعَظَمَةِ. الحيُّ الدائِمُ الذي ﴿لَيۡسَ كَمِثۡلِهِۦ شَيۡءٞۖ وَهُوَ ٱلسَّمِيعُ ٱلۡبَصِيرُ﴾ (الشّورى ١١)، بلا كيفَ ولا شَبَه ولا مَثَل، بِنَفي الأضدادِ والأندادِ والأسبابِ عن القُلوبِ (مجهول، «اللُّمَع في التَّصوُّف»، ٦٣).

المعرفة هي أن يصبح القلب واعيًا بأن الله عَزَّ وجَلَّ وحده له كمال الصفات، وأنه الملك المسيطر الحقّ، الذي لا يشبهه شيء، وأنه خالق الأسباب.

أبو طالِب المَكّي*

قال اللّه تعالى، وصَدَقَت أنبياؤه،[١] لرسولِهِ، ﴿فَٱعْلَمْ أَنَّهُۥ لَآ إِلَٰهَ إِلَّا ٱللَّهُ وَٱسْتَغْفِرْ لِذَنۢبِكَ وَلِلْمُؤْمِنِينَ وَٱلْمُؤْمِنَٰتِ ۗ وَٱللَّهُ يَعْلَمُ مُتَقَلَّبَكُمْ وَمَثْوَىٰكُمْ﴾ (مُحَمَّد ١٩)، وقال لعِبادِهِ يأمُرُهم بمثلِ ذلك، ﴿فَٱعْلَمُوٓا۟ أَنَّمَآ أُنزِلَ بِعِلْمِ ٱللَّهِ وَأَن لَّآ إِلَٰهَ إِلَّا هُوَ﴾ (هود ١٤). فَفَرْضُ التَّوحِيدِ هو اعتقادُ القلبِ أنّ اللّه تعالى واحدٌ لا مِن عَدَدٍ، وأولٌ لا ثانِيَ له.

واحِديّةُ اللّه لا تعني معدوديّته، فالعددُ صفةُ الأشياء، واللّه ليس بشيء. وأوّليّةُ اللّه لا تعني بأنه سابقٌ لشيءٍ يليه. إنَّ واحِديَّةَ اللّهِ وأوَّليَّته هما صفتان فريدتان بمعانيهما، فهو الواحِدُ من غيرِ ثانٍ وهو الأوَّلُ من غير تالٍ.

موجودٌ لا شَكَّ فيه، حاضِرٌ لا يغيبُ، عالِمٌ لا يَجهلُ، قادرٌ لا يَعجَزُ. حيٌّ لا يموتُ، قَيّومٌ لا يغفُلُ، حليمٌ لا يسفَهُ. سميعٌ بصيرٌ، مَلِكٌ لا يزولُ مُلكُه. قديمٌ بغيرِ وقتٍ، آخِرٌ بغيرِ حَدٍّ.

---

* مجهول-٣٨٦/مجهول-٩٩٦. وُلِدَ في العراق ثم هاجَرَ إلى مكَّة، ثم غادرها إلى البصرة فبغداد. إنّ كتابه «قوتُ القُلوبِ»، وهو مصدر الاقتباس الطويل نسبيًا هنا، هو أحد الكتب التي أثّرت كثيرًا على أبي حامد الغزالي وساعدت على تحولّه إلى صوفيٍّ وتَركَت أثرًا جليًا على كتاباتِهِ.

[١] صَدَقَ الأنبياءُ فيما بلّغوه من وَحيٍ ورسالاتِ اللّه عزَّ وجلَّ.

قِدَمُهُ يعني بأنَّه سَبَقَ الوَقتَ لأنه خالِقُ الوقتِ، وكونه الآخِرُ لا يعني بأنَّه مُنتَهى شيءٍ محدودٍ أو أنَّه بَعْدَهُ.

كائنٌ لم يزَل ولا تزالُ الكينونةُ صِفتُه لم يُحدِثها لنفسه. دائمٌ أبَدَ الأبدِ، لا نهايةَ لدَوامِه، والديمومةُ وَصفُه غيرُ مُحدِثها لنفسه. لا بِدايةَ لكونِه، ولا أوَّليَّةَ لقِدَمِه، ولا غايةَ لأبديَّتِه. آخِرٌ في أوَّليَّتِه، أوَّلٌ في آخِريَّتِه.

هو الأوَّل ولا ثانيَ له، وهو الآخِر وليس هنالك من يسبقه.

وأنَّ أسماءَه وصفاتِه وأنوارَه غيرُ مَخلوقةٍ له ولا منفصلةٍ عنه.

أسماءُ اللهِ وصفاتُهُ وأنوارُهُ هي قَديمةٌ كقِدَمِه، لا مُحدَثةٌ.

وأنَّه أمامَ كُلِّ شيءٍ، ووراءَ كُلِّ شيءٍ، وفوقَ كُلِّ شيءٍ، ومَعَ كُلِّ شيءٍ، وأقرَبُ إلى كُلِّ شيءٍ من نَفسِ الشيءِ. وأنَّه مع ذلك غيرُ مُحِلٍ للأشياءِ، وأنَّ الأشياءَ ليست مَحلّاً له. وأنَّه على العَرشِ استوى كيف شاء بلا تكييف ولا تشبيه. وأنَّه بكل شيٍ عليمٍ، وعلى كُلِّ شيٍ قديرٍ، وبِكُلِّ شيٍ مُحيطٍ...

إن الله هو خالق المكان وقوانينه، فهي تخضع له ولا تجري عليه. وهو الأقرب إلى كُلِّ شيءٍ من غير أن يخالطه.

...وأنَّه تعالى ذو أسماءٍ وصِفاتٍ وقُدرةٍ وعَظَمَةٍ وكَلامٍ ومَشيئةٍ

وأنوارٍ، كلّها غيرُ مخلوقةٍ ولا مُحدثَةٍ، بل لَمْ يزَل قائمًا موجودًا بجميع أسمائِهِ وصفاتِهِ وكلامِهِ وأنوارِهِ وإرادَتِهِ. وأنّه ذو المُلْكِ والمَلكوتِ والعِزَّةِ والجَبَروتِ، له الخَلقُ والأمرُ والسلطانُ والقَهْرُ. يحكُمُ بأمْرِهِ في خَلْقِهِ ومُلْكِهِ ما شاءَ كَيف شاءَ، لا مُعقِّبَ لحُكمِهِ، ولا مَشيئَةَ لعبدٍ دونَ مَشيئَتِهِ. إن شاءَ شيئًا كانَ، ولا يكونُ إلا ما شاء. لا حَوْلَ لعَبدٍ عن مَعْصِيَتِهِ إلا بِرَحمَتِهِ، ولا قُوَّةَ لعَبدٍ على طاعَتِهِ إلا بِمَحبَّتِهِ.

أسماءُ وصفاتُ اللهِ قديمة كقِدَمِه. ليس لعبدٍ أن يتجنَّبَ معصِيَةَ اللهِ أو أن يطيعه إلا بفضل منه عزَّ وجلَّ. قال النبي ﷺ، «مَا مِنْ أَحَدٍ يُدْخِلُهُ عَمَلُهُ الْجَنَّةَ». فسُئِلَ، «وَلاَ أَنْتَ يَا رَسُولَ اللَّهِ»؟ أجاب ﷺ، «وَلاَ أَنَا إِلّا أَنْ يَتَغَمَّدَنِي رَبِّي بِرَحْمَةٍ».[1]

وهو واحدٌ في جميعِ ذلك، لا شَريكَ لَهُ ولا مُعينَ في شيءٍ من ذلك («قوتُ القُلوبِ»، ١١٧١-١١٧٢).

اللهُ واحدٌ لا شريكَ له في صفاتِه وأسمائِه وإرادتِه وأفعالِه.

[1] مُسلِم، «الصَّحيح»، ٢٨١٦.

أبو علي الدَّقّاق*

كان قد اشتدَّ به المرضُ في آخرِ عُمُرِهِ حين قال، «مِن أَماراتِ التأييدِ حِفظُ التَّوْحِيدِ في أوقاتِ الحُكْمِ». ثم أضافَ مُشيرًا إلى حالِهِ وهو يُفَسِّرُ كلامَه، «أنْ يقرضك بِمَقاريضِ[1] القُدْرَةِ في إمضاءِ الأحْكامِ قِطْعَةً قِطْعَةً وأنتَ شاكِرٌ حامِدٌ» («الرِّسالة القُشيريّة»، ٤٩٧).

التَّوْحِيدُ هو التسليم الكامل لأمر الله. وهذا لا يعني فقط الصبر وعدم الشكوى في وقت البَلاء، ولكن كذلك الدوام على الشكر والحمد.

* مجهول-٤٠٥/مجهول-١٠١٥. جاء من نيسابور. صَحِبَ أبا القاسِم النَصرآباذي. هو شيخُ ووالد زوجة أبي القاسِم القُشَيري، صاحب الكتاب المشهور المُسَمى على اسمه، «الرِّسالة القُشيرِيّة».

[1] يقصُّك بمِقَصّات.

عِلي الهَجوِيري*

التَّوْحِيد هو الحُكمُ على وَحدانيّةِ الشيء، ولا يمكن الحُكمُ إلا بالعلمِ. ولذا فقد حَكَمَ أهلُ السُنَّةِ على وَحدانِيَّةِ الله بالتحقيقِ، لأنّهم رأوا صُنعًا لطيفًا، وفِعلًا بديعًا عجيبًا، وشاهدوا لطائِفَ كثيرةً، ورأوا أن وجود هذه الصنائِعَ بنفسها مُحال. ووجدوا علامة الحدوثِ ظاهرةٌ في كُلِّ شَيءٍ. فلا محالة من وجودِ فاعلٍ ليوجِدها من العَدَمِ. أي أن العالَمَ والأرضَ والسماءَ والشمسَ والقَمَرَ والبرَّ والبِحارَ والجِبالَ والصحارى، بصوَرِها الكثيرة وحركاتِها وسَكَناتها، والعِلمَ والنُطقَ والموتَ والحياةَ، هذه كُلّها لابدَّ لها من صانِعٍ. وهي في غِنى عن صانِعَينِ أو ثلاثة.

التَّوْحِيدُ ظاهرٌ في عجائب الخلق وفي حقيقة أن كل شيءٍ مُحدَثٌ ظَهَرَ إلى الوجود في وقتٍ معيّن. ولما استحال أن تخلق الأشياء نفسها فلابدَّ من وجود خالق. كما يبرهن الخلقُ على وحدانيّة الإله الخالق، فلو كان هنالك أكثر من إلهٍ لما كان هذا التناسق والانسجام في الخلقِ ولما دامَ الخلقُ، ﴿لَوْ كَانَ فِيهِمَآ ءَالِهَةٌ إِلَّا ٱللَّهُ لَفَسَدَتَا

---

* مجهول-٤٦٥/مجهول-١٠٧٢. وُلِدَ في غزنه، أفغانستان. ألتقى بأبي القاسِم القُشَيري. أشهر مؤلفاته هو «كَشْفُ المَحجوبِ» الذي كتبه بالفارسيّة والذي استشهدتُ في هذا الكتاب من ترجمةٍ عربيّةٍ له.

فَسُبۡحَٰنَ ٱللَّهِ رَبِّ ٱلۡعَرۡشِ عَمَّا يَصِفُونَ﴾ (الأنبياء ٢٢)، ﴿وَمَا كَانَ مَعَهُۥ مِنۡ إِلَٰهٍۚ إِذٗا لَّذَهَبَ كُلُّ إِلَٰهِۭ بِمَا خَلَقَ وَلَعَلَا بَعۡضُهُمۡ عَلَىٰ بَعۡضٖۚ سُبۡحَٰنَ ٱللَّهِ عَمَّا يَصِفُونَ﴾ (المؤمنون ٩١).

والصانِعُ، الواحِدُ، الكامِلُ، الحَيُّ، العِليم، العالِمُ، القادِرُ، المُختارُ، مُستَغنٍ عن شريكٍ أو شركاءٍ آخرين. وبما أنَّ الفِعلَ لابُدَّ لهُ من فاعِلٍ، ولا حاجَةَ لفِعلٍ واحِدٍ لوجودِ فاعِلَين، فلا مَحالَةَ أن يكونَ واحِدًا بلا شَكٍّ ورَيبٍ، بعِلمِ اليقينِ («كَشْفُ المحجوب»، ٥٢٠-٥٢١).

هذا الخالق يجب أن يكون عالمًا بكُلِّ شيءٍ، قادرًا على كُلِّ شيءٍ، وله كل الصفات التي تجعله بغير حاجةٍ لغيره. ولما انتفت حاجة هذا الخالِق إلى أحدٍ، انتفى سبب وجود إلهٍ آخر غيره.

أبو حامد الغَزالي*

للتَّوحيدِ أربعُ مراتبُ، وينقَسِمُ إلى لُبٍّ، وإلى لُبِّ اللُّبِّ، وإلى قِشْرٍ، وإلى قِشْرِ القِشْرِ. ولنمثِّل ذلك تقريبًا إلى الأفهامِ الضعيفةِ بالجَوزِ في قِشرَتِهِ العُليا. فإنَّ له قِشرَتينِ، وله لُبُّ، ولِلُبِّ دُهْنٌ هو لُبُّ اللُّبِّ.

فالرُّتبَةُ الأولى من التَّوحِيدِ هي أنْ يقولَ الإنسانُ بِلِسانِهِ «لا إلهَ إلا اللّٰه» وقَلبُهُ غافِلٌ عنهُ أو مُنكِرٌ له كتَوحيدِ المُنافقينَ.

والثانيةُ أن يُصدِّقَ بمعنى اللَّفْظِ قَلبُهُ كما صَدَّقَ به عُمومُ المسلمينَ، وهو اعتِقادُ العَوامِ.

والثالثةُ أن يشاهِدُ ذلك بِطريقِ الكَّشْفِ بواسِطَةِ نورِ الحقِّ، وهو مَقامُ المُقَرَّبينَ. وذلك بأن يرى أشياءَ كثيرةً ولكنْ يَراها على كَثْرَتِها

---

* ٤٥٠-٥٠٥/١٠٥٨-١١١١. وُلِدَ في خُراسان. سافر إلى الحجاز وبغداد وبلاد الشام ومصر. كان عالمًا بارعًا ذا صيتٍ واسعٍ وألّفَ الكثير من الكُتُب في الأصول والفقه والكلام وغيرها. كان ماهرًا جدًّا في الجدل والمناظرة. ولّاهُ الوزير السَّلجُوقيُّ نِظَامُ الْمُلْكِ مسؤولية المدرسة النظاميّة في بغداد عام ٤٨٤/١٠٩١. خلال أعوام تدريسه الأربعة في النظاميّة تأثّر بدراسته للتَّصوّف وبحضوره لمجالسِ الشيخ أبي عليٍّ الفَضْلِ الفَارمْذِيِّ، تلميذ أبي القاسم القُشَيري. بعد أن ترك النظاميّة غادر بغداد وعاش حياةً صُوفيّةً زاهدةً متنقّلًا فيها بين عدّة مدنٍ، بما فيها دمشق والقدس، قبل أن يعود إلى مكان ولادته في طُوس حيث تُوُفِّيَ.

صادرةً عن الواحِدِ القَهَّارِ.

والرابِعَةُ أن لا يرى في الوجودِ إلا واحدًا، وهي مُشاهَدَةُ الصدِّيقينَ، وتسمِّيهِ الصُّوفيَّة الفَناءَ في التَّوحِيدِ لأنَّه من حيثُ لا يَرى إلا واحِدًا فلا يَرى نفسَهُ أيضًا. وإذا لَمْ يَرَ نفسَهُ لكونِه مُستَغرِقًا بالتَّوحِيدِ كان فانيًا عن نَفسِهِ في تَوحَيدِهِ، بمعنى أنه فَنِيَ عن رُؤيَةِ نفسِهِ والخَلقِ.

في المرتبة الأولى يكون التَّوْحِيد قولًا فقط، وفي الثانية يصدِّق القلبُ اللسانَ، وفي الثالثة يكون التَّوْحِيدُ القلبيُّ مقرونًا بالمشاهدات الروحيّة، وفي الرابعة لا يرى الموحِّد سوى الله، وهو التَّوحِيد الذي يطلبه الصُّوفيَّة.

فالأوَّلُ مُوَحِّدٌ بمُجَرَّدِ اللِّسانِ، ويَعْصِمُ ذلك صاحِبَهُ في الدنيا عن السَّيفِ والسِنانِ.[1]

ليس التَّوْحِيدُ اللفظيُّ إيمانًا حقيقيًا بوحدانيّة الله، ولكنّه تظاهرٌ بالإسلام، لأنّ التَّوحِيدَ أساسُ الإسلام، والقلبُ وليس اللسانُ هو مقياسُ الصِّدقِ. وهذا النفاقُ يجعلُ الناس تُعامل المنافق على أنّه مسلم ولكنّه يُفضَحُ يوم القيامة.

والثاني مُوَحِّدٌ بمعنى أنَّهُ مُعتَقِدٌ بقلبِهِ مَفهومُ لَفْظِهِ، وقَلبُهُ خالٍ عن التَّكذيبِ بما انعَقَدَ[2] عليه قَلبُهُ. وهو عُقْدَةٌ على القلبِ ليسَ فيه

[1] نَصْلُ الرُّمْح.

[2] ثَبُتَ.

انْشراحٌ وانْفِساحٌ ولكِنَّهُ يَحفَظُ صاحبَهُ من العذابِ في الآخِرَةِ إن تُوُفِّيَ عليه ولم تَضعَفُ بالمَعاصي عُقدَتُهُ. ولهذا العَقْدُ حِيَلٌ يُقصَدُ بها تَضعِيفُهُ وتَحليلُهُ تُسمّى بِدعَةٌ. وله حِيَلٌ يُقصَدُ بها دَفْعُ حيلَةَ التَّحليلِ والتَّضعيفِ ويُقصَدُ بها أيضًا إحكامُ هذهِ العُقدَةِ وشَدُّها على القَلبِ، وتُسمى كلامًا والعارِفُ به يُسمّى مُتَكلِّمًا، وهو في مُقابَلَةِ المُبتَدِعِ، ومَقصَدُهُ دَفعُ المُبتَدِعِ عن تَحليلِ هذه العُقْدَةِ عن قُلوبِ العوامِ. وقد يُخَصُّ المُتكَلِّمُ باسمِ المُوَحِّدِ من حيث إنه يَحمي بكلامِهِ مفهومَ لَفظِ التَّوحِيدِ على قلوبِ العَوامِ حتى لا تنْحَلُّ عُقدَتُهُ.

هذا توحيدُ عوام المسلمين، وفيه يصدّق القلبُ دعوى اللسان. توحيدُ العوامِ يمكن أن يتأثّر بالِبدَع فنشأ علم الكلام للتصدّي لها بالتدليل على أسس العقيدة، وأولها التَّوحِيد. بخلاف التَّوحِيد اللفظي، هذا التَّوحِيد ينجّي صاحِبَه من العذابِ يوم القيامة.

والثالثُ موَحِّدٌ بمعنى أنَّه لَمْ يشاهدْ إلا فاعلًا واحدًا إذا انْكَشَفَ له الحقُّ كما هو عليه. ولا يرى فاعلًا بالحقيقةِ إلا واحدًا وقد انكَشَفَت له الحقيقةُ كما هي عليه، لأنه كَلَّفَ قلبَهُ أن يَعقُدَ على مَفهومِ لَفظِ الحقيقَةِ. فإنَّ تلك رُتبَةُ العَوامِ والمُتكلِّمينَ، إذ لم يفارِقْ المُتَكلِّمُ العامّيَ في الاعتقادِ بل في صَنْعَةِ تَلفيقِ الكَلامِ الذي به حِيلَ المُبتَدِعُ عن تَحليلِ هذه العُقْدَةِ.

ترفع الكشوفات الروحيّة توحيدَ المسلم العامّي، سواء كان من المتكلّمين أم لا، إلى مرتبةٍ يرى فيها المُوحّد اللهَ الفاعلَ الوحيدَ الحقّ، وإن كان يرى ظاهرًا كَثرةً من الفاعلين.

والرابعُ مُوحِّدٌ بمعنى أنه لم يُحضِرْ في شُهودِهِ غيرَ الواحِدِ فلا يَرى الكُلَّ من حيثِ إنه كَثيرٌ بل من حيثِ إنَّه واحِدٌ، وهذه هي الغايةُ القُصوى في التَّوحِيدِ.

أسمى مراتب التَّوْحِيدِ هي الفناء فلا يرى الموحِّدُ موجودًا سوى الله، فتغيب حتى نفسه عن ناظريه، وهذا هو توحيدُ أهل الخصوص.

فالأولُ كالقِشْرَةِ العُليا من الجَّوزِ، والثانيُ كالقِشْرَةِ السُفلى، والثالِثُ كاللُّبِّ، والرابِعُ كالدُّهنِ المُستَخرَجِ من اللُّبِّ. وكما أن القشرةَّ العُليا من الجَّوزِ لا خَيرَ فيها، بلْ إنْ أُكِلَ فهو مُرُّ المَذاقِ، وإنْ نُظِرَ إلى باطِنِهِ فَهوَ كَريهُ المَنْظَرِ، وإن اتُّخِذَ حَطَبًا أطفأَ النارَ وأكْثَرَ الدُّخانَ، وإن تُرِكَ في البيتِ ضَيَّقَ المكانَ، فلا يَصْلِحُ إلا أن يُترَكَ مُدَّةً على الَجوزِ للصَونِ ثم يُرمى بِهِ عنه. فكذلك التَّوحِيدُ بِمُجرَّدِ اللسانِ دونَ التصديقِ بالقلبِ عَديمُ الجَّدوى، كَثيرُ الضَّررِ، مَذمومُ الظاهِرِ والباطِنِ. لكنَّه يَنفَعُ مُدَّةً في حِفظِ القِشرَةِ السُّفلى إلى وَقتِ الموتِ، والقِشرَةِ السُّفلى هي القلبُ والبَدَنُ. وتَوحيدُ المنافِقِ يَصونُ بَدَنَه عن سَيفِ الغُزاةِ فإنَّهم لم يُؤمروا بِشَقِّ القلوبِ. والسَّيفُ إنما

يُصيبُ جِسمَ البَدَنِ، وهو القِشرَةُ، وإنما يَتَجرَّدَ عنه بالموتِ فلا يبقى لتوحِيدِهِ فائدةٌ بَعدَه.

التَّوحِيد باللسان فقط ليس حقيقيٍ، فإن كان يحمي صاحبَه في الدنيا من تهمة الكفر، فإنه لا ينقذُه من النارِ في الآخرة.

وكما أنَّ القِشرةَ السُفلى ظاهرةُ النَّفعِ بالإضافةِ إلى[1] القِشرَةِ العُليا، فإنَّها تَصونُ اللُّبَّ وتَحرِسُهُ عن الفَسادِ عندَ الادِّخارِ. وإذا فُصِلَت، أمْكَنَ أن يُنتَفَعَ بها حَطَبًا، لكنَّها نازِلَةَ القَدرِ بالإضافةِ إلى اللُّبِّ.

التَّوحِيد بالقلب واللسان يقي صاحِبَه النارَ ولكنه أقلُّ مراتبِ التَّوحِيدِ الصّادِق مكانةً.

وكذلك مُجرَّدُ الاعتقادِ من غيرِ كَشْفٍ كَثيرُ النَّفعِ بالإضافةِ إلى مُجرَّدِ نَطقِ اللِّسانِ، ناقِصُ القَدرِ بالإضافةِ إلى الكَشْفِ والمُشاهَدَةِ التي تَحصَلُ بانشراحِ الصَّدرِ وانفِساحِه وإشراقِ نورِ الحقِّ فيه. إذ ذاك الشرحُ هو المُرادُ بقوله تعالى، ﴿فَمَن يُرِدِ اللَّهُ أَن يَهْدِيَهُ يَشْرَحْ صَدْرَهُ لِلْإِسْلَامِ﴾ (الأنعام ١٢٥)، وبقوله عَزَّ وجَلَّ، ﴿أَفَمَن شَرَحَ اللَّهُ صَدْرَهُ لِلْإِسْلَامِ فَهُوَ عَلَىٰ نُورٍ مِّن رَّبِّهِ﴾ (الزُمَر ٢٢).

ترفع الكشوفات والمشاهدات الروحيّة التَّوحِيدَ الذي يمكن وصفه بـ «التَّوحِيد

---

[1] مُقارنةً بـ.

القَلبي»، الذي يجمع القناعةَ العقليّة والتسليمَ العاطفي، إلى «التَّوحِيد الشُهودي». فإضافة إلى قناعة العقل واطمئنان القلب، يقوم هذا النوع الأسمى من التَّوحِيدُ على تجارب روحيّة فوق طبيعية، كرؤى النوم وكشوفات اليقظة.

وكما أن اللُّبَّ نَفيسٌ في نَفسهِ بالإضافَةِ إلى القِشرِ وكُلُّه المَقصودُ ولكِنَّهُ لا يَخلو عن شَوْبِ[1] عُصارَةٍ بالإضافة إلى الدُّهنِ المُستَخرَجِ منه. فكذلك تَوحيدُ الفِعلِ مَقصَدٌ عالٍ للسالِكينَ لكنَّهُ لا يَخلو عن شَوبِ مُلاحَظَةِ الغَيرِ والالتِفاتِ إلى الكَثرَةِ بالإضافةِ إلى من لا يُشاهِدُ سِوى الواحِدِ الحَقِّ («إحياءُ علومِ الدّينِ»، ١٦٠٤-١٦٠٥).

أرفع مراتب التَّوْحِيد هي توحيدُ الفاني في الله عَزَّ وجَلَّ فلا يَرى سواه.

[1] مادّة دخيلة مختلطة بالمادة الأصلية.

أرسلان الدِّمَشقي*

كُلُّكَ شِركٌ خفيٌ، ولا يبينُ لكَ توحيدُكَ إلا إذا خَرَجْتَ عنكَ وعن سائرِ الأغيار.[1] فكلَّما أخْلَصْتَ يكشِفُ لكَ أنَّهُ هوَ لا أنتَ، فَتستَغفِرُ مِنكَ.

الشِّركُ الجليُّ هو ادعاء وجودِ إلهٍ غير الله، ولكن الانشغال بأي مخلوق، بما في ذلك نَفْسِ المرءِ، هو أيضًا شركٌ ولكن خفيٌ. كلما زاد إخلاص العبد لربّه، إزداد وعيًا، عقلًا وقلبًا، بأنه عَزَّ وجَلَّ هو الفاعل الحقيقي لكلِّ شيءٍ، فيستغفِرُ حتى لأنّ له إرادة غير إرادة الله، ﴿وَمَا خَلَقْتُ ٱلْجِنَّ وَٱلْإِنسَ إِلَّا لِيَعْبُدُونِ﴾ (الذاريات ٥٦).

وكلَّما وَحَّدْتَ بانَ لك الشِّركُ فتُجَدِّدُ له في كلِّ ساعةٍ ووقتٍ توحيدًا و إيمانًا. وكلَّما خَرجْتَ عنهم زادَ إيمانُك، وكلَّما خرجتَ عنكَ قَوِيَ يقينُك.

التَّوحِيدُ يكشف أشكالَ الشِّركَ المختلفة. كلمّا زاد تركُ العبد للأغيار زاد إيمانه،

---

* ٤٧٠-١٠٧٧/٥٤١-١١٤٦. وُلِدَ في قرية جعبر في سوريا. تربّى على يد الشيخ أبي عامر المؤدّب. يبدو أنه كانت له كتب ورسائل لم يعد لها أثر سوى رسالته الشهيرة في التَّوحِيد. كما ورد عنه كتابته للشعر.

[1] جمع «غَير»، أي كل ما غيرك من الخلق.

وكلّما زاد هجرُهُ لنفسِهِ قوِيَ يقينه.

يا أسيرَ الشهواتِ والعباداتِ، يا أسيرَ المَقاماتِ والمكاشفاتِ، أنت مغرورٌ، أنت مُشتَغِلٌ بِكَ عَنهُ. أينَ الاشتغالُ بِهِ عَنكَ؟ وهو عزَّ وجَلَّ حاضِرٌ ناظِرٌ، ﴿وَهُوَ مَعَكُمْ أَيْنَ مَا كُنتُمْ﴾ (الحديد ٤) في الدّنيا وفي الآخرة. فإذا كنتَ معهُ حَجَبَكَ عنكَ، وإذا كنتَ معكَ استعبدَكَ له.

حتى طلبُ المَقاماتِ والكشوفاتِ الروحية هو انشغالٌ عن الله لأنه طلبٌ لغير الله، فهو مطلبٌ لهوى النفس. الربُّ يتابع عبدَه في كلِّ حينٍ، ولكنّ العبدَ لا يرى ربّه طالما كان مشغولًا بنفسه، لإن النفس هي حاجز عن القرب من الله وحجاب عن رؤيته. فالذي يرى نفسه يتكلّفُ العبادات، فإذا غابَ عن نفسه وفنى حقَّقَ العبودية. فالعبودية الكاملة لا تتحقّق إلا إذا انشغل العبدُ بالمعبودِ وحدِهِ ونَسيَ ما سواه، بما في ذلك نفسه. حينئذ يكون مع الله بلا حُجب ويصبح دائما في حالة عبادة وتكون العبوديّة حالته الطبيعية المستمرّة.

الإيمانُ خروجُكَ عنهم، واليقينُ خروجُكَ عنكَ. إذا زاد إيمانك نُقِلتَ من حالٍ إلى حالٍ، وإذا زادَ يقينُكَ نُقِلتَ من مَقامٍ إلى مَقامٍ

(«رِسالةٌ في التَّوْحِيد»، ١٠٧-١٠٨).

الإيمان هو ترك المخلوقات ورؤية الخالق فقط، أما اليقين فإنه أكبر من الإيمان لأنه تجاوز النفس أيضًا في طلب الخالق. زيادة الإيمان ترفع المؤمن من حالٍ روحيٍ إلى آخر أعلى، بينما زيادة اليقين تسمو بالمتيّقنِ من مَقامٍ روحيٍ إلى آخر أسمى.

المؤمِنُ ينظُرُ بنورِ اللهِ، والعارفُ ينظُرُ بهِ إليهِ. ما دُمتَ أنتَ مَعَكَ أمرناكَ، فإذا فَنيتَ عنكَ تولَّيناك. وما تولّاهُم إلا بعدَ فنائِهم. ما دُمتَ أنتَ، فأنتَ مُريد. فإذا أفناكَ عنكَ فأنتَ مُراد. اليقينُ الأدوَمُ في غيبَتِكَ عنكَ ووجودِكَ به. فكم بينَ ما يكونُ بأمرِهِ وبين ما يكونُ به.

الإيمان نورٌ من الله يجعل المؤمن يرى العالم وما يحدث فيه، بما في ذلك ما يصيبه، بأنه من عمل وتمكين الله عَزَّ وجَلَّ. أما العارِفُ فقد فنى في الله فأصبحَ هو نفسه وسيلةً بيد الله يريه عَزَّ وجَلَّ بنوره ما يشاء. فالإيمان هو وعيٌ بوجود الله، بينما العِرفان هو تسليم كاملٌ لله فيصبحُ وعي العبدُ نفسه بيد الله. حين توجد النفس ويكون لها تأثير، يتكلّفُ المؤمن طاعة الله، فإذا فني عن نفسه تصبح طاعته له عَزَّ وجَلَّ طبيعية. فحالة اليقين هي فناء العبد عن نفسه فيكون وجوده لله. من يستسلَمُ تمامًا فيصبح آلةً بيد لله يحرّكه كيف يشاء هو أرفعُ حالًا بكثيرٍ ممن يسيّر نفسه كما أمرَ الله.

إن كُنتَ قائمًا بأمرِهِ خَضَعَتْ لكَ الأسبابُ، وإن كنتَ قائمًا به تَضَعْضَتَ[1] لكَ الأكوانُ («رِسالةٌ في التَّوْحِيد»، ١٠٨-١٠٩).

الإيمان الكامل يسخّر الأسبابَ للعبد فيجعل له سلطة على الأشياء. أما الفناء في الله، فيسخّر العوالِم للعبد. روى النبيُّ ﷺ في حديثٍ قُدسِيٍ[2] عن الله عَزَّ وجَلَّ،

[1] ضَعُفَت ووَهَنَت.

[2] الحديث القُدسيُّ هو وحيٌ غيرُ لفظيٍّ من الله عبَّرَ عنه النبي مُحَمَّد ﷺ بكلماته.

«وَمَا يَزَالُ عَبْدِي يَتَقَرَّبُ إِلَيَّ بِالنَّوَافِلِ حَتَّى أُحِبَّهُ، فَإِذَا أَحْبَبْتُهُ، كُنْتُ سَمْعَهُ الَّذِي يَسْمَعُ بِهِ، وَبَصَرَهُ الَّذِي يُبْصِرُ بِهِ، وَيَدَهُ الَّتِي يَبْطِشُ بِهَا، وَرِجْلَهُ الَّتِي يَمْشِي بِهَا، وَإِنْ سَأَلَنِي لَأُعْطِيَنَّهُ، وَلَئِنْ اسْتَعَاذَنِي لَأُعِيذَنَّهُ».[١]

[١] البخاري، «الصَّحيح»، ٦٢٧٣.

عَبدُ القادِرِ الجيلاني*

[1]دَعْ ما في يد الخلق فلا تَطْلُبْه ولا تُعَلِّقْ قلبك به، ولا ترجو الخلقَ ولا تخافهم. وخُذ من فضلِ الله عَزَّ وجَلَّ، وهو «ما لا يُرِيبُكَ». فليكن لك مسؤولٌ واحدٌ، ومُعْطٍ واحِدٌ، ومَرجوٌّ واحدٌ، ومُخوِّفٌ واحدٌ، وهِمَّةٌ واحدةٌ، وهو ربك عَزَّ وجَلَّ. الذي نَواصِي[2] الملوكُ بيده، وقلوبُ الخلقِ بيده، التي هي أمراء الأجْساد. وأموالُ الخلقِ له عَزَّ وجَلَّ، والخَلْقُ وُكَلاؤهُ وأُمَناؤه. وحركةُ أيديهم بالعطاء لك بإذنِه عَزَّ وجَلَّ وأمْرِه وتحريكِهِ، وكَفُّها عن عَطائِك كذلك. قال عزّ من قائل، ﴿وَسْـَٔلُوا۟ ٱللَّهَ

---

* ٤٧٠-١٠٧٧/٥٦١-١١٦٥. وُلِدَ في گيلان، شمال إيران الحالية. حين كان له من العمر ثمانية عشرة عامًا، هاجر إلى بغداد حيث قضى أعوامًا طويلة سائحًا، مختليًا للعبادة، وطالبًا للعلمِ. ثم صاحب أبا سعيد المخزومي الذي منحه مدرسته فدرّس فيها أربعين سنة حتى وفاته، ودُفِنَ فيها. له العديد من المؤلَّفات، وقد اقتبستُ من ثلاثة منها في هذا الكتاب، وهي «فُتوحُ الغَيبِ» وكتابان يجمعان بعض مواعظه في المدرسة هما «جِلاءُ الخاطِر» و «الفَتْحُ الرَّبّانيُّ والفيضُ الرّحمانيُّ». احتل الشيخ عبد القادِر على مرِّ القرونِ مكانةً خاصّةً في قلوب عدد لا يُحصى من المسلمين. وتتبيّن عظمة دوره في خدمة الإسلام ونشره في أن الطرق الصُّوفيَّة التي تتصل سلاسل مشايخها به هي الأكثر والأكبر.

[1] من تعليق له على الحديث النبوي الشريف، «دَعْ ما يُرِيبُكَ إلى ما لا يُرِيبُكَ» (النسائي، المُجتَبى من السُّنَن، ٥٧١١).

[2] جمع ناصِيَةُ وهي مُقدَّمُة الرَّأس، وهي رمز للعزّة والكرامة.

مِن فَضۡلِهِۦٓ﴾ (النساء ٣٢)، وقال عزَّ وجلَّ، ﴿إِنَّ ٱلَّذِينَ تَعۡبُدُونَ مِن دُونِ ٱللَّهِ لَا يَمۡلِكُونَ لَكُمۡ رِزۡقٗا فَٱبۡتَغُواْ عِندَ ٱللَّهِ ٱلرِّزۡقَ وَٱعۡبُدُوهُ وَٱشۡكُرُواْ لَهُۥٓ﴾ (العنكبوت ١٧) («فُتوحُ الغَيبِ»، ٢٠).[1]

من المحاور الشائعة في مواعظ الشيخ عبد القادِر هو ضرورة رؤية الله عَزَّ وجَلَّ على أنه الفاعل الحقيقي لكلِّ شيءٍ وأنّ كل المخلوقات هي أدواتٌ في يدِهِ، فهذا هو جوهر التَّوْحِيد. وهذا يعني الزُّهدَ في الخلقِ وما لديهم والتوجّه للهِ عَزَّ وجَلَّ بالكامل.

أما سَمِعتَ قولَ الرسولِ ﷺ، «إذا أحبَّ اللهُ عَبدًا ابْتلاهُ، فإن صَبَرَ اقْتناهُ» قيل، «يا رسول الله، «وما اقْتناهُ»؟ قال، «لم يَذَرْ[2] له مالًا ولا ولدًا».[3] وذلك لأنه إذا كان له مال وولد أحبَّهُما، فتَشَعَّبَت محبّتُه لربِّهِ عَزَّ وجَلَّ. فتَنْقُصُ وتتجزّأُ فتَصيرُ مُشْتَرَكَةً بين الله وبين غيرِهِ، والله تَعالى لا يقبل الشِّرْكَ. وهو غيورٌ قاهرٌ فوقَ كُلِّ شيءٍ، غالِبٌ لكُلِّ شيءٍ، فيُهلِكُ شريكَهُ ويُعدِمُه ليَخلُصَ قلبُ عبدِهِ له من غير شريكٍ. فيتحَقَّقُ حينئذٍ قولُه عَزَّ وجَلَّ، ﴿يُحِبُّهُمۡ وَيُحِبُّونَهُۥٓ﴾ (المائدة ٥٤) («فُتوحُ الغَيبِ»، ٣٢).

---

[1] الرقم في مصدر كل اقتباس هو رقم المجلِس، لا رقم صفحته في المصدر.

[2] يُبْقِ.

[3] ابن أبي عاصم، «الآحاد والمثاني»، ٢٤٩٩.

ابتلاءُ اللّهِ للعبدِ بسلبِه ما يُحبّ هو دليل على حُبِّه له واصطفائه له ليكون موحِّدًا كاملًا، أي يصبح الله محبوبه وشغله الوحيد.

احْفَظْ أبدًا أمرَه وانتهِ أبدًا بِنهيِهِ، وسَلِّم أبدًا لمَقدورِه ولا تُشركْه بشيءٍ من خَلْقِه. فإرادتُك وهواك وشهواتُك خَلْقُهُ، فلا تُرِدْ، ولا تَهْوَ، ولا تَشْتَهِ، لئلا تكون مُشرِكًا. قال الله عَزَّ وجَلَّ، ﴿فَمَن كَانَ يَرْجُواْ لِقَآءَ رَبِّهِۦ فَلْيَعْمَلْ عَمَلًا صَٰلِحًا وَلَا يُشْرِكْ بِعِبَادَةِ رَبِّهِۦٓ أَحَدًۢا﴾ (الكهف ١١٠). ليس الشِّرْكُ عِبادةُ الأصنامِ فَحَسْب، بل هو أيضًا مُتابعتُك هواكَ، وأنْ تَختارَ مع ربِّك عَزَّ وجَلَّ شيئا سِواه من الدنيا وما فيها والآخرةِ وما فيها. فما سِواه عَزَّ وجَلَّ غيرُه، فإذا رَكَنْتَ إلى غَيرِهِ فقد أشْرَكْتَ به عَزَّ وجَلَّ («فُتوحُ الغَيبِ»، ٧).

عبادة غير الله هي شرك ظاهري، وأن تكون للعبد إرادة غير ما يريد الله هو شرك خفيٌّ. التَّوحِيدُ الكامل هو الفناء والتسليم لله.

إنما حُجِبْتَ عن فِضلِ الله والبدايةِ بنِعَمِه لاتّكالِكَ على الخلْقِ، والأسبابِ، والصنائعِ، والاكتسابِ. فالخَلْقُ حجابُك عن الأكل بالسُنّةِ، وهو الكَسْب. فما دُمتَ قائمًا مع الخلق، راجيًا لعطائهم وفضلِهم، سائلًا لهم، مُتردِّدًا إلى أبوابهم، فأنت مُشركٌ باللهِ خَلقَه. فيعاقبكَ بحرمانِ الأكلِ بالسُنّةِ الذي هو الكَسْب من حلالِ الدنيا.

حَلَّلَ اللهُ العمَلَ سببًا لكَسبِ العيشِ، فليسَ الكسبُ بالعملِ شِركًا. ولكنّ استبدالَ الكسبِ بالطَلَبِ من الخَلقِ هو تركٌ لما حلَّلَ اللهُ وأخذٌ لما لم يجعله سببًا شرعيًا، فهو كإشراكِ خلقِ اللهِ معه.

ثم إذا تُبتَ عن القيام مع الخَلْقِ وشِركِكَ رَبِّكَ بهم ورجعت إلى الكَسْبِ فتأكل بالكَسْبِ، وتتوكَّل على الكَسْبِ، وتطمئنّ إليه، وتَنسى فضلَ الربِّ عَزَّ وجَلَّ، فأنت مُشركٌ أيضًا، إلا أنَّه شِرْكٌ خَفِيٌ، أخفى من الأوَّل. فيُعاقِبُكَ اللهُ عَزَّ وجَلَّ ويحجِبُكَ عن فَضلِهِ والبِدايَةَ به («فُتوحُ الغَيبِ»، ١٦).

الكَسبَ وفق الشريعة إذا لم يَكُن مقرونًا بالتوكّلِ على اللهِ والإيمانِ الكاملِ بأنه عَزَّ وجَلَّ أصل كلّ فضلٍ هو أيضًا شِركٌ، وإن كان أخفى من شِركِ الاعتماد على الخلق بدل الكسبِ.

رأيت في المنامِ كأنّي أقولُ، «يا مُشركًا بربِّهِ عَزَّ وجَلَّ في باطِنِهِ بنفسِهِ، وفي ظاهِرِهِ بخَلْقِهِ، وفي عِلْمِهِ بإرادَتِهِ». فقال رجلُ إلى جنبي، «ما هذا الكلام»؟ فقلت، «هذا نوعٌ من المَعرِفة» («فُتوحُ الغَيبِ»، ٦٣).

اتّباعُ هوى النفس شِركٌ خفي، والاعتمادُ على الخَلْق والأسباب شِركٌ جليّ، وظَنُّ العبد بأن إرادته سابقة لقَدَر اللهِ شِركٌ سببه الجهل. إن الرؤية الصالحة هي جانبٌ من حياة الإنسان الروحية، كما قال الرسول ﷺ، «إِنَّ رُؤْيَا الْمُؤْمِنِ جُزْءٌ مِنْ

سِتَّةٍ وَأَرْبَعِينَ جُزْءًا مِنَ النُّبُوَّةِ».[1]

أساسُ الأعمال التَّوْحيدُ والإخلاص، فمن لا تَوْحيدَ لهُ ولا إخلاصَ لهُ لا أعمالَ لهُ. أحْكِمْ أساسَ أعمالِك بالتَّوْحيدِ والإخلاصِ ثم ابْنِ الأعمالَ بِحَوْلِ اللهِ عزَّ وجلَّ وقُوَّتِه، لا بِحَوْلِكَ وقُوَّتِك. يَدُ التَّوْحيدِ هي البانيةُ، لا يَدُ الشِّرْكِ والنِّفاقِ. المُوَحِّدُ هو الذي يَرتَفِعُ قَمَرُ عَمَلِهِ أمّا المُنافِقُ فَلا («الفَتْحُ الرَّبّانيُّ»، ٦).

لا يكون العمل صالحًا إذا لم يُبنَ على التَّوْحِيدِ والإخلاصِ لله. ومن ضرورات العمل الصالح الإيمان بأنه تمَّ بتمكينٍ من الله عَزَّ وجَلَّ.

يا غلام، العافيةُ في تَرْكِ طَلَبِ العافية، والغِنى في تَرْكِ طَلَبِ الغِنى، والدواءُ في تَرْكِ طَلَبِ الدواءِ. كُلُّ الدواءِ في التسليم إلى الحقِّ عزَّ وجلَّ وقَطْعِ الأسبابِ وخَلْعِ الأربابِ من حيث قَلبك. الدَّواءُ في تَوحيدِ اللهِ عَزَّ وجلَّ بالقَلْبِ، لا باللِّسانِ فَحَسْب. التَّوْحيدُ والزُّهدُ لا يكونان على الجسدِ واللسانِ. التَّوْحيدُ في القَلْبِ، والزُّهْدُ في القَلْبِ، والتَّقوى في القَلْبِ، والمَعْرِفَةُ في القَلْبِ، والعِلْمُ بالحَقِّ عزَّ وجلَّ في القَلْبِ، ومَحَبَّةُ اللهِ عَزَّ وجلَّ في القَلْبِ، والقرب منه في القَلْبِ («الفَتْحُ الرَّبّانيُّ»، ١٣).

---

[1] مسلم، «الصَّحيح»، ٢٢٦٣.

التَّوحِيدُ هو التوكّل الكامل على الله، ربِّ الأسباب. التَّوحِيدُ وكل أشكال العبادات، حتى تلك التي يقوم بها الجسد، هي في جوهرها أعمال قلبيّة. قال الرسول ﷺ، «إِنَّ فِي الْجَسَدِ مُضْغَةً إِذَا صَلَحَتْ صَلَحَ الْجَسَدُ كُلُّهُ، وَإِذَا فَسَدَتْ فَسَدَ الْجَسَدُ كُلُّهُ، أَلاَ وَهِيَ الْقَلْبُ».[1]

عن النبي ﷺ أنه قال، «أَضْنوا[2] شياطينَكم بقولِ «لا إلهَ إلا اللهُ، مُحَمَّدٌ رسولُ اللهِ» فإن الشيطان يُضْنى بها كما يُضنِي أحَدُكم بَعيرَه بِكَثْرَةِ ركوبِهِ وشَيلِ أحمالِهِ عَليهِ».[3] يا قوم أَضْنوا شياطينَكم بالإخلاصِ في قول «لا إلهَ إلا اللهُ»، لا بِمُجَرَّدِ اللَّفظِ. التَّوْحيدُ يحرقُ شياطينَ الإنسِ والجِنِّ لأنّه نارٌ للشياطينِ ونورٌ للمُوَحِّدينَ.

تكرار كلمة التَّوْحِيدِ بإخلاص يجعل للموحِّد الغَلَبة على الشياطين. التَّوحِيد القلبي يعني التوكّل على ربّ الأسباب.

كيف تقول «لا إلهَ إلا اللهُ» وفي قَلبِكَ كَمْ إله؟ كُلُّ شيءٍ تعتمدُ عليه وتَثِقُ به دون اللهِ عزَّ وجلَّ فهو صَنَمُكَ. لا يَنفعُكَ تَوحيدُ اللِّسانِ مع شِرْكِ القَلبِ. لا يَنفعُكَ طهارَةُ القالِبِ مع نَجاسَةِ القَلبِ. المُوَحِّدُ

---

[1] البخاري، «الصَّحيح»، ٥٢.

[2] أنهِكوا وأتعبوا.

[3] هنالك حديث شبيه هو «إِنَّ الْمُؤْمِنَ لَيُنْضِي شَيَاطِينَهُ كَمَا يُنْضِي أَحَدُكُمْ بَعِيرَهُ فِي السَّفَرِ»، أحمد بن حنبل، «المُسنَد»، ٨٩٤٠. «يُنضي» يعني يُتعِب ويُضعِف.

يُضني شيطانَه والمُشْرِكُ يُضنيه شيطانُه. الإخلاصُ لُبُّ الأقوالِ والأفعالِ لأنّها إذا خَلَتَ مِنهُ كانت قِشرًا بلا لُبٍّ. القِشْرُ لا يَصلُحُ إلا للنارِ («الفَتْحُ الرَّبّانيُّ»، ٣٨).

التَّوْحِيدُ من أعمال القلب فلا يكون حقيقيًا إلا إذا بُنِيَ على الإخلاص. العبادة بالجسد دون القلب تعبٌ دون أجرٍ، كما قال الرسول ﷺ، «رُبَّ صَائِمٍ لَيْسَ لَهُ مِنْ صِيَامِهِ إِلا الْجُوعُ، وَرُبَّ قَائِمٍ لَيْسَ لَهُ مِنْ قِيَامِهِ إِلا السَّهَرُ».[1]

أوَّلُ هذا الأمرِ شَهادة أن «لا إله إلا الله» وانتهاؤه استواءُ الحَجرِ والمَدَرِ.[2] مَن صَحَّ قلبُه واتَّصَلَ بربِّه عَزَّ وجَلَّ استوى عنده الحَجرُ والمَدَرُ، والحَمدُ والذَّمُ، والسُقْمُ والعافِيةُ، الغِنى والفَقْرُ، إقبالُ الدنيا وإدبارُها. مَن صَحَّ له هذا ماتَت نَفْسُهُ وهُواه، وانْخَمَدَت نائرةُ[3] طَبْعِهِ وذُلَّ شَيطانُه لَهُ («الفَتْحُ الرَّبّانيُّ»، ٦٠).

شهادة التَّوْحِيد هي بداية رحلة الإنسان الروحيّة. فالواصلُ إلى قربِ ربِّه يستوي لديه ما غلا وما خَسَّ ثمنُه من الدنيا، ولا يهمّه حَمدُ الناس أو ذَمُّهم له، ولا يُفرحُهُ ما يحصل عليه من أقسامِ الدنيا ولا يحزنُهُ ما يفوته منها. فالمُوحِّدُ الواصِلُ إلى

---

[1] ابن ماجة، «السُّنَن»، ١٦٩٠.

[2] «الحَجرُ» هو الأحجارُ الكريمةُ النفيسةُ كالعقيقِ والياقوتِ وغيرِها، بينما «المَدَرُ» هو الطينُ اللَّزِجُ المتماسكُ.

[3] هيجان وعداوة.

مَقامات القُربِ من الله عَزَّ وجَلَّ فانٍ في ربّه، لا إرادة له، فلا سيطرة للشيطان عليه لأنّ أداةَ الشيطانِ، وهي النفسُ، قد ماتت بالعباداتِ والمجاهداتِ.

كلُّ هذه الطريق مَحوٌ وفناءٌ. في البدايةِ عند ضَعْفِ الإيمانِ «لَآ إِلَٰهَ إِلَّا ٱللَّهُ» وفي النهايةِ عند قُوَّةِ الإيمان «لَآ إِلَٰهَ إِلَّآ أَنتَ»، لأَنَّهُ مُخاطِبُ حاضِرٍ مُشاهَدٍ («الفَتْحُ الرَّبّانيُّ»، ٦٢).

النطقُ بكلمةِ التَّوحِيدِ يعني الدخولَ في الإسلامِ وبدءَ الإيمانِ، فكلمة الشهادة هي قول من كان قريبًا منه عَزَّ وجَلَّ أو بعيدًا عنه. فإذا قوِيَ الإيمانُ يصبحَ المؤمنُ ذاكرًا لله لسانًا وقلبًا، فيصبح توحيدُه توحيدُ شهودٍ يخاطبُ فيه ربَّهُ بضميرِ المخاطَبِ المشهود «أنتَ». ففناءُ النفسِ يقوّي الإيمانَ ويقرّبُ الإنسانَ من اللهِ عَزَّ وجَلَّ فيصبحُ دائم الوعيِ بحضوره معه في كلِّ مكانٍ ووقتٍ فيعيش حقيقة ﴿وَهُوَ مَعَكُمْ أَيْنَ مَا كُنتُمْ﴾ (الحَديد ٤).

أحمد الرِّفاعي*

[المعرِفة] هي كَشِجرةٍ لها ثلاثةُ أغصانٍ: توحيدٌ، وتجريدٌ، وتفريدٌ. فالتَّوحِيدُ بمعنى الإقرار، والتجريدُ بمعنى الإخلاص، والتفريدُ بمعنى الانقطاع إليه لوحده بالكلّيّة في كلّ حال.

وأوّلُ مدارجُ المعرفة هو التَّوحِيد، وهو قطع الأنداد؛ والتجريد، وهو قطع الأسباب؛ والتفريد، وهو بمعنى الاتّصالِ بلا سَيرَ ولا عَينَ ولا دونَ.

ولها خمسة طرائق: أوّلها، الخشية في السرِّ والعلانيّة. والثانية، الانقياد له في العُبوديّة. والثالثة، الانقطاعُ إليه بالكُلّيّة. والرابعة، الإخلاص له بالقولِ والفعلِ والنِيّة. والخامسة، المراقَبة في كلّ خطرةٍ ولحظةٍ («حالُ أهلُ الحقيقةِ»، ١٠-١١).

المعرفة تبدأ بتوحيد الله ثم التوكّل عليه دون الأسباب ثم الانقطاع إليه دون الخلق. والطريق إلى المعرفة هو بخمسة أحوال يجب أن يتحلّى بها العبد. المُراقَبة

* ٥١٢-١١١٩/٥٧٨-١١٨٣. وُلِدَ في محافظة واسط في العراق. حين كان في الثامنة والعشرين، أمره شيخه بالسكن في قرية أم عُبيدة في محافظة مَيسان، التي عاش فيها حتى وفاته ودُفِنَ فيها. تتلمَذَ على يد علي أبي الفضل وغيره من المشايخ. إليه تعود الطريقة الرِّفاعية.

تعني مُراقبة العبد لأفكارِهِ وأفعالِهِ وأحوالِهِ وكل ما يمرّ عليه لكي يصفّي باطنه.

«كلمةُ «لا إِلَهَ إِلّا اللّهُ» حِصْنِي، فمن قالَها دَخَلَ حِصْنِي، ومن دَخَلَ حِصْنِي أَمِنَ من عَذابي».[1] هذا الحديث القُدسي، الذي وَصَل إلينا بالسَّنَدِ النبوي، فيه من إعظامِ شأنِ كلمةِ التَّوحِيدِ ما يزيدُ العبدَ إيمانًا ويملؤه عِرفانًا ويلزمه بالمداومَةِ على الذكر بهذه الكلمة، التي هي روح التَّوحِيد، وما على قائلها بعد الإيمانِ بمُبلِّغِها ﷺ من بأسٍ («حالُ أهلُ الحقيقةِ»، ١٢٧).

قول «لا إله إلا الله» لسانًا وقلبًا يزيد العبد إيمانًا ويقرّبه إلى الله، ومن قرنه بالإيمان بأن «مُحَمَّدًا رسولَ الله» هو في أمان.

كُلُّ توحِيدِكَ قبلَ تنزيهِهِ تعالى شِركٌ. التَّوحِيدُ وُجدانٌ في القلبِ يمنعُ عن التَّعطيلِ والتَّشبيهِ («حِكَمُ الرِّفاعي»، ٨).

لا تَوحِيدَ من غير تنزيه الله عن كل شيءٍ. التَّوحِيد هو هُيامٌ في القلب يمنع العاشقَ من إنكارِ أسماء وصِفات الله أو تشبيهه بشيء.

الصّوفيُّ يتباعد عن الأوهامِ والشكوكِ ويقولُ بوَحدانيَّةِ الله تعالى في ذاتِهِ وصِفاتِهِ وأفعالِهِ. لأنه ﴿لَيۡسَ كَمِثۡلِهِۦ شَيۡءٞ﴾ (الشّورى ١١). يعلَمُ ذلك عِلمًا يقينًا ليخرُج من بابِ العِلمِ الظّنّي («حِكَمُ الرِّفاعي»، ١٨).

[1] الدَّيلَمي، «الفردوس بمأثور الخِطاب»، ٨١٠١.

التَّوْحِيدُ عِنْدَ الصُّوفيَّة

الصُّوفي متيقّنٌ بأن اللهَ واحدٌ لا شبيه له ذاتًا أو وصفًا أو فعلًا.

مُحيي الدين ابن عَرَبي*

[إن] الله تعالى إلهٌ واحِدٌ لا ثانِيَ له في ألوهيّته، مُنَزَّهٌ عن الصاحِبَةِ والوَلَدِ. مالِكٌ لا شريكَ له، ملكٌ لا وزيرَ له، صانعٌ لا مُدَبِّرَ معهُ. موجودٌ بذاتِهِ من غير افتقارٍ إلى مُوجِدٍ يُوجِدُهُ، بل كُلُّ موجودٍ سواه مُفتَقِرٌ إليهِ تعالى في وجودِه. فالعالمُ كُلُّه موجودٌ به، وهو وحدَهُ مُتَّصِفٌ بالوجود لنفسِهِ. لا افتتاحَ لوجودِهِ، ولا نِهايَةَ لبَقائِهِ، بل وجودُهُ مُطلَقٌ، غير مُقيَّد، قائِمٌ بنفسِهِ.

لا يعتمد الله في وجودِه على شيءٍ فهو موجودٌ بذاته. أما المخلوقات، فهو مُحدِثُها وسبب استمرار وجودها. فهو موجودٌ بذاتِه بينما كل شيء موجودٌ بأمرِه. الله واجبُ الوجود وغيره جائز الوجود.

ليس بجوهرٍ مُتحيِّزٍ فيُقَدَّرُ لهُ المكانُ، ولا بِعَرَضٍ فيستحيلُ عليه

* ٥٦٠-٦٣٨/١١٦٥-١٢٤٠. وُلِدَ في مدينة مُرسية في جنوب شرق الأندلس، وارتحل كثيرًا في بلاد الشرق، فزار مكّة والموصل والقاهرة وقونيا، واستقرّ في آخر خمس عشرة سنة من عمره في دمشق وتُوُفِّيَ فيها ودُفِنَ في سفح جبل قاسيون. كحال الحلّاج، ابن عَرَبي من أكثر الصُّوفيّة تعرُّضًا للانتقاد والتكفير، لأن كتاباته هي من أكثر ما أُسيئَ فهمه من كلام الصُّوفيّة. حيث اتُّهِمَ بالاعتقاد بحلول الخالق في خلقه واتّحاد الخالِق مع خلقه. كما شرحتُ في المقدمة، يعود سوء الفهم هذا إلى صعوبةِ كتاباته لاستخدامها لغة رمزيّة وتحدّثها عن مواضيع وحالات روحيّة غير مألوفة، وأَخْذِ بعض كلامه خارج سياقاته، وإهمالِ أقواله الكثيرة التي تخالف تلك التفاسير الخاطئة.

البقاءُ، ولا بجِسمٍ فتكونُ له الجِّهَةُ والتلقاءُ.[1] مُقَدَّسٌ عن الجِهَةِ والأقطارِ[2]...

ليس اللهُ عَزَّ وجَلَّ بجوهرٍ ليحلَّ في شيءٍ أو بعَرَضٍ فيزول. وهو ليس بجسدٍ فتكون له جهاتٌ وأبعادٌ.

...ليس له مَثَلٌ معقولٌ، ولا دَلَّت عليه العقولُ. لا يحُدُّهُ زمانٌ ولا يُقِلُّهُ[3] مَكانٌ، بل كانَ ولا مكان، وهو على ما عليهِ كانَ. خَلَقَ المُتَمَكِّنَ والمكانَ وأنشأَ الزمانَ. وقال، «أنا الواحِدُ الحيُّ».

لا يمكن للعقل حتى تخيّل الله. هو خالقُ الزمان والمكان فهو ليس عُرْضة لهما أو يوصَفُ بهما.

لا يؤدُهُ حِفظُ المخلوقاتِ ولا ترجعُ إليهِ صفةٌ لم يكن عليها من صفة المصنوعات. تعالى أن تحلّه الحوادثُ أو يحلّها، أو تكون بعدَهُ أو يكون قَبلَها. بل يُقالُ «كان ولا شيٌ معه»، لأن القَبلَ والبعدَ من صِيغِ الزمانِ الذي أبدعَهُ. فهو القيّومُ الذي لا ينامُ، والقهّارُ الذي لا يُرامُ. ﴿لَيۡسَ كَمِثۡلِهِۦ شَيۡءٞۖ﴾ (الشّورى ١١) («الفُتوحاتُ المَكيَّة»، ج ١، ٦٢).

---

[1] مكان أو جهة اللِّقاء والمقابلة.

[2] جمع «قُطر» وهو الناحية والجهة والجانب.

[3] يحمله ويرفعه.

الله لا يتغيّر، فلا تتغيّرُ صفاتُه أو يكتسبُ من صفاتِ خلقِهِ. لا تنالُه الحوادث ولا يكون فيها، فالمخلوق لا يكون في الخالِق القديم والخالقُ القديم لا يكون في ما يُحدِث من خلقٍ. لا يوصفُ وقتُ ظهورِ واختفاءِ المخلوقات نسبة إلى وجوده لأنّ الزمان قانون مخلوقٌ يسري على الخلقِ ولا يسري على الخالِقِ عَزَّ وجَلَّ.

التَّوحِيدُ عِلمٌ ثمَّ حالٌ ثمَّ عِلمٌ. فالعِلمُ الأوّلُ توحيدُ الدَّليل، وهو توحيدُ العامّة، وأعني بالعامّة عُلماءُ الرّسومِ. وتوحيدُ الحال أن يكون الحقُّ نَعْتَكَ فيكونُ هو لا أنتَ في أنتَ، ﴿وَمَا رَمَيْتَ إِذْ رَمَيْتَ وَلَٰكِنَّ ٱللَّهَ رَمَىٰ﴾ (الأنفال ١٧). والعِلمُ الثاني بعد الحالِ توحيدُ المُشاهَدة («التَّجلّيات الإلهيّة»، ١٣٨-١٣٩).

في أولى مراحله يكون التَّوْحِيدُ علمًا عقليًا يدلُّ المُوَحِّدَ على واحديّة الخالِق. في مرحلته الثانية، يصبحُ التَّوحِيدُ حالًا يكون المُوحِّدُ فيه آلةً بلا إرادةٍ في يد الله. أما في المرحلة الثالثةِ، فيكون التَّوحِيدُ عِلمًا يقترن فيه العلمُ العقلي وحالُ الفناء بكشوفاتٍ وتجاربِ روحيةٍ تتجاوز العقلَ والمادةَ، وهذا هو توحيدُ المُشاهَدة الروحيّة.

قال الله جَلَّ ثناؤه في كتابه العزيز، ﴿شَهِدَ ٱللَّهُ أَنَّهُۥ لَآ إِلَٰهَ إِلَّا هُوَ وَٱلْمَلَٰٓئِكَةُ وَأُوْلُواْ ٱلْعِلْمِ قَآئِمًۢا بِٱلْقِسْطِ لَآ إِلَٰهَ إِلَّا هُوَ ٱلْعَزِيزُ ٱلْحَكِيمُ﴾ (آل عمران ١٨)، ثم قال، ﴿إِنَّ ٱلدِّينَ عِندَ ٱللَّهِ ٱلْإِسْلَٰمُ﴾ (آل عمران ١٩). وقال رسول الله ﷺ، «الإسلام أن تشهد أنّ لا إله إلا الله وأن مُحَمَّدًا رسولُ الله»، [كما

في] الحديث.[1] فقال سبحانه، ﴿وَأُوْلُوا۟ ٱلْعِلْمِ﴾، ولم يَقُلْ «وأولو الإيمان». فإن شهادته بالتَّوْحِيدِ لنفسه ما هي عن خَبَرٍ فيكون إيمانًا، ولهذا الشاهِدُ فيما يشهد به لا يكون إلا عن علمٍ، وإلا فلا تَصِحُّ شهادتُه.

ثم أنَّه عَزَّ وجَلَّ عَطَفَ الملائكةَ وأولي العلمِ على نفسه بالواو، وهو حرفٌ يعطي الاشتراك، ولا اشتراك هنا إلا في الشهادةِ قطعًا. ثم أضافهم إلى العلمِ لا الإيمانِ، فعَلِمنا أنه أرادَ من حصلَ له التَّوْحِيدُ من طريقِ العِلْمِ النَّظَرِيِّ أو الضروريِّ، لا من طريق الخَبَرِ. كأنه يقول، «وشهدت الملائكةُ بتوحيدي بالعلمِ الضروري من التجلّي الذي أفادهم العِلمَ وقامَ لهم مَقامَ النَّظَرِ الصحيحِ في الأدلّة، فشَهِدَت لي بالتَّوْحِيدِ كما شَهَدتُ لنفسي، وأولو العلمِ بالنَّظَرِ العقليِّ الذي جَعَلتُهُ في عبادي».

التَّوْحِيدُ عِلمًا أكبر منه إيمانًا. فأولُ من شَهِدَ بوحدانِّيةِ اللهِ هو اللهُ نفسه العالِمُ بكل شيءٍ، ثم شهدت الملائكةُ بوَحدانيّتِهِ لعلمها بذلك عن طريق التَّجلّيات، وشهدَ أولو العلمِ بواحديّة الله عن طريق مَلَكَةِ العقلِ.

ثم جاء بالإيمان بعد ذلك في الرتبة الثانية من العلم، وهو الذي

---

[1] مسلم، «الصَّحيح»، ٨.

يُعوَّلُ عليه في السعادة. فإن اللّٰه به أمَرَ، وسمّيناه عِلْمًا لكونِ المُخبِرِ هو اللّٰه فقال، ﴿فَٱعْلَمْ أَنَّهُۥ لَآ إِلَٰهَ إِلَّا ٱللَّهُ﴾ (مُحَمَّد ١٩)، وقال تعالى، ﴿وَلِيَعْلَمُوٓاْ أَنَّمَا هُوَ إِلَٰهٌ وَٰحِدٌ﴾ (إبراهيم ٥٢)، حين قسَّمَ المراتبَ في آخر سورة إبراهيم من القرآن العزيز («الفُتوحاتُ المَكِّيَّة»، ج ١، ٤٩١).

الإيمان هو إقرار بخبرٍ غيبيٍ، أي أمرٍ لم يشهَده المرء أو يتوصّل إليه. ويشير القرآن الكريم إلى حقيقة واحديّة اللّٰه بأنها علمٌ لأن المخبِرَ بها هو اللّٰه عَزَّ وجَلَّ. لهذا وَصَفَ اللّٰه عَزَّ وجَلَّ الإيمانَ بأنه عِلْمٌ. فالعلمُ سابقٌ للإيمان وهو أساسُه لأنّ الإيمانَ هو إقرار بعلمٍ. لذلك جاء ذِكرُ العلمِ أولًا في آية ١٨ من سورة آل عمران، ثم ذِكرُ الإسلام، الذي هو أول مراحل الإيمان، في آية ١٩. أما نهاية سورة إبراهيم فتشير إلى الخاسرين يوم القيامة، ثم تذكر جزاء اللّٰه لكلِّ نفسٍ حسب عملها، وتنتهي بهذه الآية، ﴿هَٰذَا بَلَٰغٌ لِّلنَّاسِ وَلِيُنذَرُواْ بِهِۦ وَلِيَعْلَمُوٓاْ أَنَّمَا هُوَ إِلَٰهٌ وَٰحِدٌ وَلِيَذَّكَّرَ أُوْلُواْ ٱلْأَلْبَٰبِ﴾ (إبراهيم ٥٢).

فالتَّوْحِيدُ نسبَةُ فعلٍ من المُوَحِّدِ يحصل في نفسِ العالِمِ به أن اللّٰه واحد. قال تعالى، ﴿لَوْ كَانَ فِيهِمَآ ءَالِهَةٌ إِلَّا ٱللَّهُ لَفَسَدَتَا﴾ (الأنبياء ٢٢). وقد وُجِدَ الصلاحُ، وهو بقاءُ العالَمِ ووجودِه، فدَلَّ على أنّ الموجِدَ له لو لم يَكُن واحِدًا ما صَحَّ وجودُ العالَمِ. هذا دليلُ الحقِّ فيه على أحدِيَّتِهِ وطابَقَ الدليل العقليّ في ذلك («الفُتوحاتُ المَكِّيَّة»، ج ٣، ٤٣٤).

إن وجود الكون هو دليل على أن لا إله إلا اللّٰه، وهذا الدليل القرآني يصدّق الدليل

العقلي على واحديّته.

عليكَ بأداء الأوجب من حقِّ اللّٰه، وهو أن لا تُشرِك بالله شيئًا من الشِّرْكِ الخفي الذي هو الاعتماد على الأسباب الموضوعة والرُكونِ إليها بالقلبِ والطمأنينة بها، وهي سكونُ القلبِ إليها وعندها. فإنّ ذلك من أعظم رُزْء[1] ديني في المؤمن، وهو قوله تعالى من بابِ الإشارة، ﴿وَمَا يُؤْمِنُ أَكْثَرُهُم بِٱللَّهِ إِلَّا وَهُم مُّشْرِكُونَ﴾ (يوسف ١٠٦). يعني، والله أعْلَم، هذا الشِّرْكُ الخفي الذي يكون معه الإيمانُ بوجودِ اللّٰه، والنقضُ في الإيمانِ بتوحيد اللّٰهِ في الأفعالِ لا في الألوهة. فإن ذلك هو الشِّركُ الجلي الذي يناقض الإيمان بتوحيد اللّٰه في الألوهة لا الإيمان بوجود اللّٰه.

القول بوجود إله غير الله هو الشِّركُ الجليُّ. ولكنّ الإيمان بواحديّة اللّٰه مع الاعتماد على الأسباب بدل التوكّل على ربِّ الأسباب هو شِركُ خفيُّ.

وردَ في الحديثِ الصحيح عن رسول الله ﷺ أنّه قال، «أَتَدرونَ ما حَقُّ اللّٰه على العِبادِ؟ حَقُّ اللّٰهِ على العِبادِ أن يعبُدوهُ ولا يُشرِكوا به شيئًا».[2] فأتى بلفظَةِ «شيء»، و «شيء» نَكِرة، فدَخَلَ فيه الشِّرْكُ الجلي

[1] مصيبة.

[2] الترمذي، «الجامعُ الكبير»، ٢٦٤٣.

والخفي. ثم قال، «أَتَدرونَ ما حَقُّهم على الله إذا فعلوا ذلك؟ أن لا يُعذِّبهم».

كلمةُ «شيء» في الحديث الشريف لا تشمل آلهةً مزعومةً فقط، ولكن كل شيءٍ سوى الله عَزَّ وجَلَّ، كالأسباب.

فاجعل بالك من قوله «أن لا يُعذِّبهم»، فإنّهم إذا لم يشرِكوا بالله شيئًا لم يتعلّق لهم خاطر إلا بالله، إذ لم يكُن لهم توجّه إلا إلى الله. وإذا أشركوا بالله الشِّرْكَ المناقِض للإسلام أو الشِّرْكَ الخفي الذي هو النَّظَرُ إلى الأسباب المُعتادة فإن الله قد عذَّبهم بالاعتماد عليها لأنّها مُعرَّضةٌ للفقدِ. ففي حال وجودها يتعذّبون بتوهّم فقدِها وبما ينقص منها. وإذا فقدوها تعذّبوا بفقدها، فهم مُعذَّبون على كلِّ حالٍ، في وجودِ الأسبابِ وفقدها. وإذا لم يُشرِكوا بالله شيئًا من الأسبابِ استراحوا ولا يبالون بفَقْدِها ولا بوجودِها، فإنَّ الذي اعتمدوا عليه، وهو الله، قادرٌ على إتيانِ الأمور من حيث لا يحتسبون، كما قال تعالى، ﴿وَمَن يَتَّقِ ٱللَّهَ يَجۡعَل لَّهُۥ مَخۡرَجٗا ۝٢ وَيَرۡزُقۡهُ مِنۡ حَيۡثُ لَا يَحۡتَسِبُ﴾ (الطلاق ٢-٣) («الوَصايا»، ٥١-٥٢).

المُشرِكُ الشِّرِكِ الخفي بالإسباب في حالة عذاب مستمر. فعند وجود الأسباب يكون في خوفٍ من فُقْدانِها وفي حالةِ فَقْدِها في معاناة لعدم وجودها. من لا يأبه بالأسباب ولا ينظر إلى غير ربّها هو في طمأنينةِ وأمانِ التَّوحِيدِ الكاملِ، وهو تجنّب

التَّوْحِيدُ عِنْدَ الصُّوفيَّة

الشِّرْكِ الجليِّ والخفيِّ، وهذا هو تحقيق «لَا إِلَٰهَ إِلَّا اللَّهُ».

علي أبو الحَسَن الشّاذلي*

أعلَمْ أن لله عليك في كل وقت سَهْمًا في العُبوديّة يقْتَضيهِ الحَقُّ سبحانه مِنك بِحُكْمِ الرُّبوبيّة («التّنوير»، ٣٩).

من حقوق ربوبيّة الله على العبد أن يكون في سلوكه دائمًا ما يقرّ بعبوديّته لله.

ما كانت البارِحةُ إلا ليلةً عظيمةً، وكانت ليلةُ القَدْر. ورأيتُ الرسول ﷺ وهو يقول، «يا عليُّ، طَهِّرْ ثيابَك من الدَّنَس تَحظ بمَدَدِ الله في كلِّ نَفَسٍ». قُلتُ، «يا رسول الله، وما ثيابي؟» قال، «اعلم أن الله قد خَلَعَ عليك خَمْسَ خُلَعٍ: خُلْعَةَ المَحبّةِ، وخُلْعَةَ المعرفةِ، وخُلْعَةَ التَّوْحيدِ، وخُلْعَةَ الإيمانِ، وخُلْعَةَ الإسلامِ. فمن أحَبَّ اللهَ هانَ عليه كُلَّ شيءٍ، ومن عَرَفَ اللهَ تَعالى صَغُرَ لديه كُلَّ شيءٍ، ومن وَحَّدَ اللهَ لَمْ يُشرِك به شيئًا، ومن آمنَ بالله أَمِنَ كُلَّ شيءٍ، ومن أسْلَمَ للهِ ما

* ٥٩٣-٦٥٦/١١٩٧-١٢٥٨. وُلِدَ في غُمارة في شمال المغرب. سافر إلى تونس في طريقه إلى الحج وزار بغداد قبل أن يعود إلى غُمارة حيث تتلمذ على يد عبد السلام بن مَشيش. أمره شيخه بأن يذهب للعيش في قرية «شاذِلة» في تونس، التي جاء منها لقبه، وقال له بأنه سيذهب بعدها إلى مدينة تونس، ومن ثم أرض المشرق. فكان استقراره في الإسكندرية في مصر. خلال سفره للحجّ، تُوُفِّيَ في حُمَيْثَرا في صحراء عيذاب في مصر ودُفِنَ هناك. والطريقة الشاذِليّة هي من أكبر الطرق الصُّوفيّة ولها أتباع كثيرون في شمال شرق أفريقيا بالذات.

يَعْصيهِ، وإنْ عَصاهُ اعتَذَرَ إليهِ، وإنْ اعتَذَرَ إليهِ قَبِلَ عُذْرَهُ». ففَهَمتُ حينَئِذٍ قَولَه سبحانه، ﴿وَثِيَابَكَ فَطَهِّرْ﴾ (المُدَّثِّر ٤) («لَطائِفُ المِنَن»، ٧٨-٧٩).

المعنى الروحي العميق لتطهير الثياب في الآية الكريمة من سورة المُدَّثِّر هو أن يتحلى الإنسان بخمسِ صفاتٍ: حبّ لله، معرفته، توحيده، الإيمان به، والتسليم له.

الصُّوفيُّ من يرى الخلقَ في طيِّ سِرِّهِ كالهَباء في الهواء لا موجودين ولا معدومين، حسبما هم في علمِ الله ربِّ العالمين («لَطائِفُ المِنَن»، ١٦٠).

الصُّوفيُّ يرى الخلقَ كذرّات تراب متناهية الصغر في الهواء حتى تكاد تكون غير موجودة. فهم موجودون لأنهم قد خُلِقوا، وهم معدومون لكون وجودهم ليس وجوبًا ولكن جوازًا، لأنّ ظهورَهم وديمومتَهم من اللهِ عَزَّ وجَلَّ.

وإنا لا نرى أحدًا من الخَلْق. هل في الوجود أحدٌ سوى المَلِكِ الحقِّ؟ وإن كان ولابدَّ فكالهباء في الهواء، إن فَتَّشته لم تَجِدْه شيئًا («لَطائِفُ المِنَن»، ١٦٠).

المُوحِّدُ الكامل يكاد لا يرى أحدًا في الوجود سوى الله الواحِد، واجب الوجود.

أحمد أبو العبّاس المُرسي*

تَحَدَّثَ عن كيفية الجمع بين معنى آية ﴿يَـٰٓأَيُّهَا ٱلَّذِينَ ءَامَنُواْ ٱتَّقُواْ ٱللَّهَ حَقَّ تُقَاتِهِۦ وَلَا تَمُوتُنَّ إِلَّا وَأَنتُم مُّسۡلِمُونَ﴾ (آل عمران ١٠٢)، التي تتحدّث عن اتّقاء الله قدر ما يستحق من التقوى، وآية ﴿فَٱتَّقُواْ ٱللَّهَ مَا ٱسۡتَطَعۡتُمۡ﴾ (التغابن ١٦)، التي تتحدّث عن التقوى قدر استطاعة المرء. قالَ، «﴿فَٱتَّقُواْ ٱللَّهَ مَا ٱسۡتَطَعۡتُمۡ﴾، أي في جانب الأعمال. وقوله ﴿ٱتَّقُواْ ٱللَّهَ حَقَّ تُقَاتِهِۦ﴾، أي في جانب التَّوْحِيد. وقوله، ﴿وَلَا تَمُوتُنَّ إِلَّا وَأَنتُم مُّسۡلِمُونَ﴾، أي لا تتعاطوا من الأعمال إلا أعمالًا إذا مُتّم عليها مُتّم مُسلمين» («لَطائِفُ المِنَن»، ١٣٣-١٣٤).

يختلف المسلمون في مقدار تقوى الله في أعمالهم، فالتقوى التي تتجلّى في عمل أحدِهم قد تكون أقل أو أكثر من التقوى في عمل آخر. ولكن التَّوْحِيدَ جانبٌ من التقوى لا يجوز فيه النقصان، أي يجب أن يكون لسانًا وقلبًا، قولًا وعملًا،

* ٦١٦-١٢٢٠/٦٨٦-١٢٨٧. وُلِدَ في مدينة مُرسية في جنوب شرق الأندلس، التي جاء منها لقبه. وفي عام ١٢٤٢/٦٤٠ التقى بأبي الحَسَن الشّاذلي في تونس وأصبح مريدًا له، وبعد عامين ذهب مع شيخه إلى الإسكندرية في مصر. بعدها بأربعة أعوام سمّى الشّاذلي مريده أبو العبّاس خليفته. ذهب أبو العبّاس إلى القاهرة للدعوة وكان يتردّد على زيارة شيخه في الإسكندرية. وصحب شيخه في رحلته للحجّ التي تُوُفِّيَ فيها الشاذلي فكان من الذين قاموا بدفنه. ثم استقرّ أبو العبّاس في الإسكندرية وفيها تُوُفِّيَ ودُفِنَ.

ولذلك أمر عَزَّ وجَلَّ بأن يكون كاملًا، وهو قوله ﴿حَقَّ تُقَاتِهِ﴾. كما أمر الله المؤمنَ بأن يكون دائمًا مسلمًا في سلوكه فمتى جاءه الموت كانت وفاته وهو مسلمٌ عاملٌ. هذا هو تفسير دعاء يوسف عليه السلام، ﴿تَوَفَّنِي مُسْلِمًا﴾ (يوسف ١٠١)، وليس طَلَبه الموت كما قال معظم المفسّرين، وكما بيّنتُ في دراسَتي التفصيليّة لسورة يوسف.[1]

---

[1] فتّوحي، «النبي يوسف في القرآن الكريم والعهدِ القديم والتاريخ»، ٢٣٤-٢٣٥.

ابنُ عَطاءِ اللهِ السَّكَندَري*

الكونُ كُلُّهُ ظُلْمَةٌ، وإنّما أنارَهُ ظُهورُ الحَقِّ فيه. فمن رَأى الكونَ ولَمْ يَشْهَدْهُ فيهِ أو عِندَه أو قَبلَه أو بَعدَه، فقد أَعْوَزَهُ وجودُ الأنوارِ، وحُجِبَت عَنه شموسُ المعارِفِ بسُحبِ الآثار («الحِكَم العَطائِيّة»، ١٤)[١].

ما كان لشيء أن يوجَد ويُدرَك لولا الخالق. فمن يرى خَلقًا من غير أن يدرك بأنه صنعةَ الله فقد أعمتهُ رؤيةُ المصنوعِ عن إدراكِ وجوبِ وجودِ صانعٍ له.

كَيفَ يُتَصَوَّرُ أن يَحْجُبَه شيءٌ وهو الذي أَظْهَرَ كُلَّ شيءٍ؟
كَيفَ يُتَصَوَّرُ أن يَحْجُبَه شيءٌ وهو الذي ظَهَرَ بكُلِّ شيءٍ؟
كَيفَ يُتَصَوَّرُ أن يَحْجِبَه شيءٌ وهو الذي ظَهَرَ في كُلِّ شيءٍ؟

---

* ٦٥٨-٧٠٩/١٢٦٠-١٣١٠. وُلِدَ في الإسكندرية. كان من المُنكِرينَ للشيخ أبي العبّاس المُرسي من غير أن يعرفه حتى صَحِبَهُ في عام ٦٧٤/١٢٧٥ واطّلع على كلامه وأفعاله وأحواله، ثم غدا أبرز مريديه وخليفته بعده. انتقل لاحقًا للعيش في القاهرة، وتُوُفِّيَ ودُفِنَ هناك. كتب العديد من الكتب، وذكر فيها أقوالًا لأبي الحَسَن الشّاذلي وأبي العبّاس المُرسي، اللذين لم يتركا أية مصنّفات، فحفظ بذلك تراثَ أوَّل شيخي الطريقة الشاذليّة.

[١] الرقم في مصدر كل اقتباس من كتاب «الحِكَم» هو تسلسل تلك الحِكَمة، لا رقم صفحتها في المصدر.

كَيفَ يُتَصَوَّرُ أن يَحْجُبَه شيءٌ وهو الذي ظَهَرَ لكُلِّ شيءٍ؟
كَيفَ يُتَصَوَّرُ أن يَحْجُبَه شيءٌ وهو الظاهر قبل وجودِ كُلِّ شيءٍ؟
كَيفَ يُتَصَوَّرُ أن يَحْجُبَه شيءٌ وهو أظْهَرُ من كُلِّ شيءٍ؟
كَيفَ يُتَصَوَّرُ أن يَحْجُبَه شيءٌ وهو الواحِدُ الذي ليس معه شيءٌ؟
كَيفَ يُتَصَوَّرُ أن يَحْجُبَه شيءٌ وهو أقربُ إليكَ من كُلِّ شيءٍ؟
كَيفَ يُتَصَوَّرُ أن يَحْجُبَه شيءٌ ولولاهُ ما كان وُجودُ كُلِّ شيءٍ؟
يا عجبًا! كيفَ يَظهَرُ الوُجودُ في العَدَمِ؟ أم كيف يَثْبُتُ الحادِثُ مع من له وَصْفُ القِدَمِ؟ («الحِكَم العَطائيّة»، ١٦).

لا يُدرَكُ اللهُ بالحواسِ ولكنه عَزَّ وجَلَّ أظهرُ من كُلِّ شيءٍ فلا يخفيه شيءٌ عن العقلِ والبصيرةِ. هو مُظهِرُ كلِّ ما ظَهَر إلى الوجودِ، وهو ظاهرٌ بآثارِهِ في كل موجودٍ، ﴿إِنَّ فِي ٱخْتِلَٰفِ ٱلَّيْلِ وَٱلنَّهَارِ وَمَا خَلَقَ ٱللَّهُ فِي ٱلسَّمَٰوَٰتِ وَٱلْأَرْضِ لَءَايَٰتٍ لِّقَوْمٍ يَتَّقُونَ﴾ (يونس ٦). لا يمكن أن يحجبَهُ شيءٌ لعدم وجود أحد معه ولأنه الأقربُ إلى كُلِّ شيءٍ وخالقُ كُلِّ شيءٍ. لا يمكن لما هو جائز الوجود أن يكون إلا بفعلِ واجبِ الوجود. كل مخلوقٍ حادِثٍ وزائلٍ بينما الخالِق قديم وأزلي.

شَتّان بين من يَسْتَدِلَّ به أو يَسْتَدِلَّ عليه. المُسْتَدِلُّ به عَرَفَ الحَقَّ لأهله وأثْبَتَ الأمرَ من وُجودِ أصْلِهِ. والاستدلالُ عليه مِن عَدَمِ الوصولُ إليه، وإلا فَمَتى غابَ حتى يُسْتَدَلَّ عليه، ومَتَى بَعُدَ حتى تكونُ الآثارُ هي التي تُوصِلُ إليه؟ («الحِكَم العَطائيّة»، ٢٩).

إن الله هو مصدر علم الواصل إليه عَزَّ وجَلَّ ودليله على كل شيء. أما من يستدلّ بغير الله على الله فهو بعيد عنه عَزَّ وجَلَّ، رغم أن الله لم يَغبْ يومًا لتكون هنالك حاجة للدلالة عليه ولم يبتعد يومًا لتكون هنالك حاجة لآثارِهِ في الخلق للقرب منه.

الحَقُّ ليس بمحجوبٍ وإنما المَحْجوبُ أنت عن النَّظَرِ إليه. إذ لو حَجَبَه شيءٌ لَسَتَره ما حَجَبَه، ولو كانَ لهُ ساترٌ لكانَ لوُجودِهِ حاصِرٌ، وكل حاصِرٍ لشيءٍ فهو له قاهِرٌ ﴿وَهُوَ ٱلْقَاهِرُ فَوْقَ عِبَادِهِۦ﴾ (الأنعام ١٨) («الحِكَم العَطائِيّة»، ٣٣).

ليس هنالك حاجِبٌ لله عَزَّ وجَلَّ لأن من يحجِب له سلطة على المحجوب ولا سلطة لأحد على الله فهو صاحب السلطة المطلقة على كل ما خَلَقَ. إن قصور العبد هو ما يحجبه عن رؤية ربّه.

كان اللهُ ولا شَيءَ معه، وهو الآن على ما عليه كان («الحِكَم العَطائِيّة»، ٣٧).

كان الله قبل الخلق وَحْدَه، ولا يزال بعد الخلق وَحْدَه، فوَحدانيّة الخالِق القديم عَزَّ وجَلَّ لا تتغيّر بما يُحدِثُ من خلقٍ.

أنارَ الظواهِرَ بأنوارِ آثارِهِ وأنارَ السرائِرَ بأنوارِ أوصافِه. لأجلِ ذلك أفَلَتْ أنوارُ الظواهِرِ ولَمْ تَأفَلْ أنوارُ القلوبِ والسرائِرِ. ولذلك قيل:

إنَّ شَمسَ النهارِ تَغرُبُ باللي

لِ وشَمسُ القلوبِ لَيستْ تَغيبُ».[1] («الحِكَم العَطائيّة»، ١٠٤).

جعل اللهُ العالمَ مرئيًّا بما خَلَقَ من مصادر نورٍ، كالشمس، ولكنّه جعل قلوبَ عبادِه تراهُ بنورٍ ما كَشَفَ لها من أوصافه. فبينما تغرب الأنوار المخلوقة وما تُظهِرُهُ من خلقٍ، فإن أنوار معرفته في القلب لا تغيب.

كُنْ بأوْصافِ رُبوبِيَّتِه مُتَعلِّقًا وبأوْصافِ عُبودِيَّتِكِ مُتَحَقِّقًا. («الحِكَم العَطائِيّة»، ١٢٥).

أنْسِبْ أوصافَ الربوبيّة إليه عَزَّ وجَلَّ فقط وتحلّى بصفاتِ العبوديّة له.

مَنَعَكَ أنْ تَدَّعي ما ليسَ لكَ مما للمَخلوقينَ، أفَيُبيحُ لك أنْ تَدَّعي وَصْفَهُ وهو رَبُّ العالمَينَ؟ («الحِكَم العَطائِيّة»، ١٢٦).

حَرَّمَ اللهُ أن ينسبَ العبدُ لنفسه مُلكَ غيره من الخلقِ، فلا يمكن أن يُحِلَّ لهُ أن ينسبَ لنفسه من أوصافه عَزَّ وجَلَّ وهو ربّ الخلق.

ما حَجَبَكَ عن اللهِ وُجودِ مَوْجودٍ مَعَه، إذ لا شيء معه. ولكن حَجَبَكَ عَنهُ تَوَهُّمُ مَوجودٍ مَعَهُ («الحِكَم العَطائِيّة»، ١٣٧).

لا يحجب العبدَ عن الله شيئٌ لأن كلَّ شيءٍ من صنعه، موجودٌ بإذنه، وآيةٌ تدلُّ عليه. نسيان هذا، كما في نسبةِ العطاءِ والمنعِ إلى الخلقِ والتوكّل على الأسبابِ،

[1] بيتُ الشعرِ هذا هو للحلّاج.

هو ما يمنعُ العبد من القربِ من خالِقِه.

أظْهَرَ كُلَّ شَيءٍ لأنّه الباطِنُ، وَطَوى وُجودَ كُلِّ شَيءٍ لأنّه الظاهِرُ («الحِكَم العَطائيّة»، ١٣٩).

لما كان هو الباطنُ الذي لا تُدرِكُهُ حاسّةٌ ولا مَلَكَةٌ وأنّه مُظهرُ كُلِّ شيءٍ، فإن كلَّ ما خَلَقَهُ وإن كان باطناً لكثيرٍ من خَلقِهِ فهو ظاهرٌ نسبةً إليه. ولما كان هو مُظهرُ كُلِّ شيءٍ فإن كلَّ ظاهرٍ هو آيةٌ تُشيرُ إليه وتدلُّ عليه، فهو الظاهرُ الذي ليس لظهورِهِ مثيل. هذا هو المعنى الفريد لكلٍّ من اسميه ﴿وَٱلظَّـٰهِرُ وَٱلْبَاطِنُ﴾ (الحديد ٣).

الأكوانُ ثابِتَةٌ بإثْباتِهِ وَمَمْحُوَّةٌ بأحَدِيَّةِ ذاتِه («الحِكَم العَطائيّة»، ١٤١).

العَوالِم موجودة لأنه عَزَّ وجَلَّ أوجَدَها ويديم وجودَها. فهي زائلة، لا أبديّة ولا أزليّة. هو وحدُهُ القديمُ، الأبديُّ الأزليُّ. هو وحده واجبُ الوجودِ، وكلُّ ما غيره مُحدَثٌ جائزُ الوجود، ذو بدايةٍ ونهايةٍ، بينما عَزَّ وجَلَّ ﴿هُوَ ٱلْأَوَّلُ وَٱلْآخِرُ﴾ (الحديد ٣).

إنّما حَجَبَ الحَقَّ عَنك شِدَّةُ قُرْبِهِ مِنْكَ («الحِكَم العَطائيّة»، ١٦٤).

البعدُ عادةً هو سبب الحَجْبِ بين الخَلقِ، ولكنّ انحجابَ الخالِق عن عِبادِه سببه قربُه المتناهي منهم لا بعده عنهم، مثلما القرب الشديد للشيء من العينِ يخفيه عن النَّظَر. قال عَزَّ وجَلَّ، ﴿وَلَقَدْ خَلَقْنَا ٱلْإِنسَـٰنَ وَنَعْلَمُ مَا تُوَسْوِسُ بِهِۦ نَفْسُهُۥ وَنَحْنُ أَقْرَبُ إِلَيْهِ مِنْ حَبْلِ ٱلْوَرِيدِ﴾ (ق ١٦).

إنّما احْتَجَبَ لِشِدَّةِ ظُهورِهِ وَخَفِيَ عن الأبصارِ لِعِظَمِ نُورِه («الحِكَم

العَطائِيّة»، ١٦٥).

اللهُ ظاهرٌ كل الظهور بشكل غير مُباشر في خِلْقِهِ وآياتِهِ ولكنّه خفيٌّ تمامًا عن الرؤيةِ المُباشرةِ لأنّ العيون لا تدرك نورَه الفريد، ﴿لَّا تُدْرِكُهُ ٱلْأَبْصَٰرُ وَهُوَ يُدْرِكُ ٱلْأَبْصَٰرَ وَهُوَ ٱللَّطِيفُ ٱلْخَبِيرُ﴾ (الأنعام ١٠٣).

دَلَّ بوجودِ آثارِهِ على وُجودِ أسمائِهِ، وبِوُجودِ أسمائِهِ على ثُبوتِ أوصافِهِ، وبِثُبوتِ أوصافِهِ على وُجودِ ذاتِهِ، إذ مُحالٌ أن يَقومَ الوَصْفُ بِنَفْسِهِ («الحِكَم العَطائيّة»، ٢٥٠).

الخلقُ يشهدُ بالأسماءِ الحُسنى للخالق عَزَّ وجَلَّ، وتلكَ الأسماءُ هي تعابير عن صفاتٍ وقدراتٍ له. من غير الممكن لصفةٍ أن توجد من غير موصوف فحتَّمَت تلك الصفات وجود الذات الإلهية. فالخلق هو دليلٌ على وجودِ الخالِق سبحانه وتعالى.

اشْهَدَكَ من قَبلِ أن يَسْتَشْهِدَكَ، فَنَطَقَتْ بإلهيَّتِهِ الظواهِرُ وتَحَقَّقَتْ بأحَدِيَّتِهِ القلوبُ والسرائرُ («الحِكَم العَطائيّة»، ٢٥٧).

يُشهِدُ اللهُ الإنسانَ وهو نطفة على ربوبيّته عَزَّ وجَلَّ وعبوديّته هوّ قبل أن يُظهِرُه، ﴿وَإِذْ أَخَذَ رَبُّكَ مِنۢ بَنِىٓ ءَادَمَ مِن ظُهُورِهِمْ ذُرِّيَّتَهُمْ وَأَشْهَدَهُمْ عَلَىٰٓ أَنفُسِهِمْ أَلَسْتُ بِرَبِّكُمْ قَالُواْ بَلَىٰ شَهِدْنَآ﴾ (الأعراف ١٧٢). هذه هي فِطرة التَّوحِيد التي خلقَ الله عليها الإنسان، ﴿فَأَقِمْ وَجْهَكَ لِلدِّينِ حَنِيفًا فِطْرَتَ ٱللَّهِ ٱلَّتِى فَطَرَ ٱلنَّاسَ عَلَيْهَا لَا تَبْدِيلَ لِخَلْقِ ٱللَّهِ﴾ (الروم ٣٠). وبعد أن يكمل خَلقَهُ ويخرجه إلى العالم يأمره بالعيش حياةً تصدِّقُ قولًا وفعلًا

شهادته الأولى لله بالربوبيّة وتحقّق هدف الله من خلقه وهو أن يكون عبدًا له عَزَّ وجَلَّ، ﴿وَمَا خَلَقْتُ ٱلْجِنَّ وَٱلْإِنسَ إِلَّا لِيَعْبُدُونِ﴾ (الذاريات ٥٦). وكل ما خَلَقه في العالمُ يشهدُ العقلَ السليم على ربوبيّة الله وأنه هو الخالق الواحِد.

وقبيحٌ بالمؤمِن أن ينزل حاجَتَه بغيرِ الله تَعالى مع عِلمِهِ بوَحدانِيَّتِه وانفرادِهِ برُبوبِيَّتِهِ وهو يسمع قول الله تعالى، ﴿أَلَيْسَ ٱللَّهُ بِكَافٍ عَبْدَهُۥ﴾ (الزّمر ٣٦). وذلك من كُلِّ أحدٍ قبيحٌ، ومِن المؤمنينَ أَقْبَحُ، وليَذْكُر قولَ الله سبحانه، ﴿يَٰٓأَيُّهَا ٱلَّذِينَ ءَامَنُوٓاْ أَوْفُواْ بِٱلْعُقُودِ﴾ (المائدة ١). ومن العقودِ التي عاقَدْتَهُ عليها أن لا تَرْفَع حوائِجَكَ إلا إليهِ ولا تَتوكَّل إلا عَليه، وذلك لازِمُ إقرارِكَ له بالرُبوبِيّة يَوم المَقادير، يومَ ﴿أَلَسْتُ بِرَبِّكُمْ قَالُواْ بَلَىٰ﴾ (الأعراف ١٧٢). فكَيفَ تَعرِفُه وتُوَحِّدُهُ هناكَ وتَجْهَلْهُ هَهُنا وقد تَواتَرَ عليك إحسانُه وغَمَرَكَ فَضْلُه وامتنانُه؟ («التّنوير»، ١٢٤).

شهادة الإنسان قبل خلقه بربوبيّة الله هو إقرارٌ بأنه سبحانه وتعالى هو الذي يؤتي العبد كلَّ حاجة له. ويصدّق تواترُ أفضاله عَزَّ وجَلَّ على العبد في الدنيا تلك الشهادة. فطلبُ أي إنسان لحاجاته من غيرِ الله والتوكُّلُ على غيرِه هو فعلٌ مكروهٌ لأنه نكثٌ بعهدِه مع الله قبل أن يخرجه إلى الدنيا، وهو مكروهٌ أكثر حين يكون من مؤمنٍ.

ومن رأى أن الله هو المُطعِمُ لهَ صانَتْهُ هذه المطالعةِ عن الذّلِّ للخَلْقِ أو أنّ يميلَ قَلبُه بالحُبِّ لغيرِ المَلِكِ الحَقِّ. أَلَمْ تَسمعَ قولَ

إبراهيمَ الخليل عليه السلام، ﴿وَٱلَّذِى هُوَ يُطۡعِمُنِى وَيَسۡقِينِ﴾ (الشعراء ٧٩). فَشَهِدَ للهِ بانفرادِهِ بِذلك واعْتَرَفَ لهُ بوَحْدانِيَّتِهِ فيهِ («التَّنويرُ»، ١٥٠).

اللّه هو الرزّاق الحقّ، فليست المخلوقاتُ سوى وسائلَ بيده يرزق بعضَها ببعضٍ.

فما سوى اللهِ عِندَ أهلِ المَعْرِفَةِ لا يَتَّصِفُ بِوُجودٍ ولا بِفَقْدٍ. إذ لا يوجد غَيرُه مَعَه لثُبوتِ أَحَدِيَّتِهِ، ولا فَقْدٌ لغَيرِهِ لأَنَّهُ لا يُفْقَدُ إلا ما وُجِدَ («التَّنويرُ»، ١٦٣).

اللّه وحده هو الموجود حقًا، لأنه وحده واجب الوجود وهو موجودٌ بذاته بلا واسطة، بينما كُلّ شيءٍ آخرَ جائز الوجود ومُعتمِدٌ في وُجودِه عليه عَزَّ وجَلَّ.

وإياكَ وذُهول القَلبِ عن وَحدانِيَّة الله تعالى، فأَوَّلُ دَرجاتِ الذّاكرينَ استِحضارُ وَحدانِيَّته، وما ذَكَرَهُ الذاكرون وَفُتِحَ عليهم الا باستِحْضارِهِم ذلك. وَما طُرِدوا إلا بِذِكرِهِم مع غَلَبة الذّهولِ عَليهم («تاجُ العَروسِ»، ٣٢).

لا تَصِحُّ عبادةٌ، بما في ذلك ذكر اللّه عَزَّ وجَلَّ، ما لم تكن مقرونةً بالوعي المستمر بوَحدانيّته. التفكّر بوَحدانيّة اللّه يجعل الموحِّدَ من الذاكرين ويجعل الواردات الروحيّة تنزلُ عليه. أما الغفلة عن توحيده فتُبطِلُ الذِّكرَ وتبقي الذاكرَ بعيدًا عن اللّه.

علي الخَوّاص*

إذا كَمُلَ توحيدُ العبدِ لا يَصِحُّ له أن يرأسَ على أحدٍ من المَخلوقينَ لأنّه يرى الوجودَ للهِ («الطَّبقاتُ الكُبرى»، ج ٢، ٢٧٧).

المُوحِّدُ الكاملُ متواضع لا يتعالى على أحدٍ لأنه يرى نفسه وجميع الخلق عبادًا لمالكٍ واحدٍ هو الله.

من صَحَّ توحيدُهُ لله عزَّ وجلَّ انتفى عنه الرياءُ والإعجابُ وسائر الدَعاوى المُضلّة عن طريقِ الهُدى وذلك لأنّه يشهدُ جميعَ الأفعالِ والصِفاتِ ليست لهُ وإنّما هي للهِ وحدِه، ولا يُعجَبُ أحدٌ قطُّ بعملِ غيرِهِ ولا يتزيّن به («الطَّبقاتُ الكُبرى»، ج ٢، ٢٧٧-٢٧٨).

المُوحِّدُ ذو التَّوحِيدِ السليم يرى كلَّ أفعالِه وصفاتِه الطيّبةِ أفضالًا من الله عَزَّ وجَلَّ

* مجهول-٩٤٩/مجهول-١٥٤٢. كان أمّيًّا لا يقرأ أو يكتب، فتلميذُه عبدُ الوهّاب الشَّعراني هو الذي دوّن أقوالَه وكراماتِه وأحوالَه. دُفِنَ في القاهرة. عُرِفَ اسمُهُ فجأة في الغرب عام ٢٠١٥ حين استشهد البابا فرانسيس به في التعميم البابوي *Laudato si'* «الحَمدُ لَكَ»، ١٦٨-١٦٩. البابا بدوره اقتبس ذلك الكلام من كتاب فرنسي، ولكن الأخير لم يكن دقيقا في نقله للنص العربي. أما مصدر النص العربي فهو كتاب عبد الوهّاب الشّعراني «لطائِف المِنَن والأخلاق»، ٦٠٦. يتحدث النص عن السَّماع، وكيف أن حالة الوجد عند الصُّوفي يمكن أن تنتج عن سماع مختلف الأصوات في البيئة. رغم نسبة المصدر الفرنسي للنص إلى علي الخوّاص، فإن السياق في كتاب الشعراني يجعلني أميل إلى أنه تعليق للشعراني على كلام لشيخه كان قد ذَكَرَه لتوّه.

فلا يتملّكه عُجْبٌ بنفسه.

لم تثبُت السّيّادةُ إلا لهُ ولم تثبُت العُبوديّة إلا لكَ، فالسيّدُ لا يُملَكُ والعبدُ لا يَملِكُ («الطّبقاتُ الكُبرى»، ج ٢، ٢٧٨).

الله هو السيّد الأوحد وما غيره عبد. السيّدُ يَملِكُ ولا يُملَكُ بينما العبدُ يُملَكُ ولا يَملِكُ.

عبدُ الوهّاب الشَّعراني*

سمِعتُ مرةً هاتفًا يقول، «إذا ركعتَ للصلاةِ فقُل، «سبحان من كان جميعُ ما عرفه الخلقُ من عَظَمَتِهِ كذرَّةٍ في هواء ليس له سقفٌ ولا أرضٌ»» («القواعِدُ الكَشفِيّة»، ٤٦).

إنّ كلَّ ما يَعرِفه الخلقُ عن عظمةِ الخالقِ عَزَّ وجَلَّ قليلٌ جدًّا.

من فهِمَ قولَه تعالى ﴿لَيۡسَ كَمِثۡلِهِۦ شَيۡءٞ﴾ (الشّورى ١١) نَزَّهَ الحَقَّ جَلَّ وعَلا عن صِفاتِ خَلقِهِ وعن كل ما يخطر بالبالِ («القواعِدُ الكَشفِيّة»، ٤٧).

تعني الآية الكريمة وجوب عدم تشبيه الله بأية من صفاتِ خلقِهِ وأية صورة قد تخطر بالبال.

[أجمع أهلُ الكشفِ والنقلِ على] أنَّ كلَّ خَطَرَ ببالِكَ فالله تعالى بخلافُ ذلك. وذلك أنَّ غاية ما تصلُ العقولُ إلى معرفةِ كُنْهِه، ولو بوجهٍ عامٍ، الأجسامُ والجواهِرُ والأعراضُ. ومعلومٌ أن الحقَّ تعالى ليس

* ٨٩٨-٩٧٣/١٤٩٣-١٥٦٥. وُلِدَ في قَلقَشَنْده في القليوبيّة في مصر. تُوُفِّيَ والده قبل أن يبلغ العاشرة وذهب للعيش في القاهرة حين كان عمره اثنتا عشرة سنة وعاش في جامع أبي العباس الغَمْري. سلك التَّصوُّف على يد الشيخ علي الخَوّاص. ألّف أكثر من سبعين كتابًا.

بجسمٍ ولا جَوهَرٍ ولا عَرَضٍ. فلا يصِحُّ لعبدٍ أن يعرِفَ ربَّه لا جَهلَ فيها بحقيقَتِهِ أصلاً. قال تعالى، ﴿وَلَا يُحِيطُونَ بِهِ عِلْمًا﴾ (طه ١١٠) («القواعِدُ الكَشفِيّة»، ٥٠).

أصحاب التجارب الروحيّة، أي الصُّوفيَّة، وأصحاب العلوم النقليّة، أي العلماء بشكل عام، متّفقون على استحالة تصوّر الله. فالعقول مخلوقة لتدرك مخلوقات هي الأجسام والجواهر والأعراض، والله عَزَّ وجَلَّ ليس بأي من هذه. فمهما عرَفَ العبدُ ربّه فإنه يبقى جاهلاً بحقيقته لأنها تتجاوز حدود علمه وفهمه.

لا نُطلِقُ عليه تعالى ما لَمْ يُطلِقهُ على نَفسِهِ. فإنّه أطلقَ على نفسِهِ ﴿ٱلْأَوَّلُ وَٱلْآخِرُ﴾ (الحديد ٣)، لا «القَبلُ والبعدُ» («الأنوارُ القُدسِيّة»، ٢٠-٢١).

لا يمكن أن نعلم عن الله سوى ما وَصَفَ به نفسَه، فوصفه لنفسه بأنه ﴿ٱلْأَوَّلُ﴾ لا يعني بأن هنالك أحدٌ بعدَه، وكونُه ﴿ٱلْآخِرُ﴾ لا يشير إلى وجودِ أحدٍ قبله.

عبدُ اللهِ بن عَلَوي الحَدّاد*

فإنا نَعلَمُ ونُقِرُّ ونعتَقِدُ ونؤمِنُ ونوقِنُ ونَشْهَدُ أنَّ لا إلهَ إلا اللهُ وَحدَه لا شَريكَ لهُ. إلهٌ عَظيمٌ، مَلِكٌ كبيرٌ، لا رَبَّ سِواهُ ولا مَعْبودَ إلا إيّاه. قَديمٌ أزَليٌّ، دائمٌ أبديٌّ. لا ابتداءَ لأوَّلِيَّتِهِ ولا انتهاءَ لآخرِيَّتِهِ.

قِدَمُ اللهِ عَزَّ وجَلَّ يعني أنه كان دائمًا موجودًا، ودوامه يعني بأنّ وجوده بلا نهاية. فهو الأوّل الذي لم يظهر إلى الوجود في وقت معيَّنٍ، وهو الأخر الذي لا ينتهي وجوده في وقتٍ ما.

أحَدٌ صَمَدٌ، ﴿لَمۡ يَلِدۡ وَلَمۡ يُولَدۡ ۝٣ وَلَمۡ يَكُن لَّهُۥ كُفُوًا أَحَدُۢ﴾ (الإخلاص ٣-٤). لا شَبيهَ لهُ ولا نَظيرَ، و ﴿لَيۡسَ كَمِثۡلِهِۦ شَيۡءٞۖ وَهُوَ ٱلسَّمِيعُ ٱلۡبَصِيرُ﴾ (الشّورى ١١). وأنَّهُ تَعالى مُقَدَّسٌ عن الزمانِ والمكانِ وعن مُشابَهَةِ الأكوانِ. ولا تُحيطُ به الجهاتُ، ولا تَعْتَريهَ الحادِثاتُ. مُستوٍ على عَرشِهِ على الوَجهِ الذي قالَهُ وبالمعنى الذي أرادَه، إستواءً يليقُ بعِزِّ جلالِه وعُلُوِّ مَجدِهِ وكِبريائِه.

نحن لا نستطيع أن نفهم معنى استوائه على عَرْشِه ولكنّنا نؤمن بما قَصَدَهُ عَزَّ

---

* ١٠٤٤-١١٣٢/١٦٣٤-١٧٢٠. وُلِدَ في تَرِيم في حضرموت، اليمن، وتُوُفِّيَ ودُفِنَ هناك. فَقَد بصرَه وهو صغير. من مشايخه الحبيب عمر بن عبد الرحمن العطّاس. له عدة مؤلّفات.

وجَلَّ بذلك وبأنّه فعلٌ يناسب قدْرَهُ.

وأنّهُ تعالى قريبٌ من كُلِّ مَوجودٍ، وهو أقربُ للإنسانِ من حَبْلِ الوَريدِ، وعلى كُلِّ شَيءٍ رَقيبٌ وشهيدٌ. حَيٌّ قَيّومٌ، ﴿لَا تَأْخُذُهُ سِنَةٌ وَلَا نَوْمٌ﴾ (البقرة ٢٥٥)، ﴿بَدِيعُ ٱلسَّمَٰوَٰتِ وَٱلْأَرْضِ وَإِذَا قَضَىٰٓ أَمْرًا فَإِنَّمَا يَقُولُ لَهُۥ كُن فَيَكُونُ﴾ (البقرة ١١٧)، ﴿ٱللَّهُ خَٰلِقُ كُلِّ شَىْءٍ وَهُوَ عَلَىٰ كُلِّ شَىْءٍ وَكِيلٌ﴾ (الزُّمَر ٦٢). وأنَّهُ تعالى ﴿عَلَىٰ كُلِّ شَىْءٍ قَدِيرٌ﴾ (البقرة ٢٠)، و ﴿بِكُلِّ شَىْءٍ عَلِيمٌ﴾ (البقرة ٢٩)، و ﴿قَدْ أَحَاطَ بِكُلِّ شَىْءٍ عِلْمًۢا﴾ (الطلاق ١٢)، ﴿وَأَحْصَىٰ كُلَّ شَىْءٍ عَدَدًۢا﴾ (الجن ٢٨)، ﴿وَمَا يَعْزُبُ عَن رَّبِّكَ مِن مِّثْقَالِ ذَرَّةٍ فِى ٱلْأَرْضِ وَلَا فِى ٱلسَّمَآءِ﴾ (يونس ٦١)، ﴿يَعْلَمُ مَا يَلِجُ فِى ٱلْأَرْضِ وَمَا يَخْرُجُ مِنْهَا وَمَا يَنزِلُ مِنَ ٱلسَّمَآءِ وَمَا يَعْرُجُ فِيهَا وَهُوَ مَعَكُمْ أَيْنَ مَا كُنتُمْ وَٱللَّهُ بِمَا تَعْمَلُونَ بَصِيرٌ﴾ (الحديد ٤)، و ﴿يَعْلَمُ ٱلسِّرَّ وَأَخْفَى﴾ (طه ٧)، ﴿وَيَعْلَمُ مَا فِى ٱلْبَرِّ وَٱلْبَحْرِ وَمَا تَسْقُطُ مِن وَرَقَةٍ إِلَّا يَعْلَمُهَا وَلَا حَبَّةٍ فِى ظُلُمَٰتِ ٱلْأَرْضِ وَلَا رَطْبٍ وَلَا يَابِسٍ إِلَّا فِى كِتَٰبٍ مُّبِينٍ﴾ (الأنعام ٥٩).

وأنّهُ تعالى مُريدٌ للكائناتِ، مُدبِّرٌ للحادثاتِ. وأنه لا يكونُ كائنٌ من خيرٍ أو شَرٍ، أو نَفعٍ أو ضَرٍّ، إلا بقضائِهِ ومَشيئَتِهِ. فما شاءَ كانَ وما لم يَشأْ لم يَكُنْ. ولو اجتمَعَ الخلقُ كلُّهُم على أن يُحرِّكوا في الوجود ذَرَّةً أو يُسَكِّنوها دونَ إرادَتِهِ لعَجزوا عنه («النصائحُ الدّينيةُ»، ٤١٥-٤١٦).

لا يحدثُ حادِثٌ أو يظهرُ شيءٌ إلا بإرادة اللّٰه.

لا يحدثُ حادِثٌ أو يظهرُ شيءٌ إلا بإرادة اللّٰه.

مُحَمَّد المُحَمَّد الكَسْنَزان*

ما معنى كلمة التَّوْحِيد، «من قال لَا إِلَهَ إِلَّا اللّٰه دخل الجنة»[1]؟ كيف يدخل الجنة من قال «لَا إِلَهَ إِلَّا اللّٰه»؟ كلمة «لَا إِلَهَ إِلَّا اللّٰه» شاملةٌ على كل شيءٍ: على التسليمِ؛ على التضحيةِ؛ على الشَّهادةِ؛ على الصّلاةِ؛ على الصيامِ؛ على الأمرِ بالمَعروف والنهيِ عن المُنكر؛ على الإنفاق في سبيل اللّٰه؛ على الركوع، ليلًا ونهارًا تكون في السجود لله تعالى وفي الركوع لله تعالى؛ على الروح، فإعطاء الروح هو آخر مرحلة («موعظة»، ٣٠ تشرين الأوّل ٢٠١٢).[2]

لا يعني الحديثُ النبوي أعلاه بأنّ مجرّد النطق بكلمة التَّوحِيد «لَا إِلَهَ إِلَّا اللّٰه»

---

* ١٣٥٧-١٤٤١/١٩٣٨-٢٠٢٠. ولد في قرية كَرْبْچْنَه في مدينة السليمانية، العراق. بعد وفاة والدِه، الشيخ عبد الكريم، في عام ١٩٧٨، خَلَفَه على مشيخة الطريقة العَلِيّة القادِريّة الكَسْنَزانيّة. في كل من السنوات الثلاث الأولى من مشيخته دخل خلوة طولها أربعون يومًا. كان يحبّ الذكرَ والصلاة والعبادات حُبًّا جَمًّا، فبقي يقوم الليل بشكل يومي حتى بعد تجاوزه الثمانين من العمر. هو شيخي الذي سَلَكتُ على يده طريق التَّصوُّف وتفضَّلَ عليَّ بمصاحبَتِه عن قُربٍ وتعلّمت منه الكثيرَ عن التَّصوُّف كخُلُقٍ ونهجٍ روحيٍ وفِكرٍ وأحوالٍ روحيّة. من مؤلّفاته العمل البارز «موسوعة الكَسْنَزان فيما اصطلح عليه أهل التَّصوُّف والعرفان» وهي موسوعة فريدة عن التَّصوُّف في أربعة وعشرين مجلدٍ.

[1] أبو يعلى الموصلّي، «المُسنَد»، ٣٨٩٩.

[2] الاقتباسات هي من مواعظَ باللهجة العراقية حَرَّرتُها وحوّلتُها إلى العربية الفُصحى.

يُدخِلُ العبدَ الجنّةَ ولكنَّ المقصودُ هو قَرْنُ شهادةِ اللسانِ بالإيمان في القلبِ والعملِ الصالِح. فالتَّوحِيد يعني تطبيق عبادات ومعاملات الإسلام كافّة.

تبدأ أولًا بالتَّوْحِيد، بكلمة الشّهادة، والشّهادة تعني بأن يكون الانسان شاهدًا على نفسه. حين تقول «لَا إِلهَ إِلَّا اللّٰه مُحَمَّد رَسولُ اللّٰهِ» يجب أن تقولها باللِّسان، بالقلب، بكُلِّ جوارِحِكَ،[1] بكُلِّ إيمانك بكل عقيدتك. هكذا يجب أن تنطق بكلمة الشّهادة. ثم تبدأ بتطبيق ما بلّغ الرسول ﷺ: أقوالِه وأفعالِه وأحوالِه («موعظة»، ١٢ آب ٢٠١٣).

التَّوْحِيد هو شهادةٌ باللسانِ وإيمانٌ في القلبِ وعملٌ بكلِّ ما جاء به النبي ﷺ.

التَّوْحِيد أصلُ الإيمان. أصلُ العقيدة هو كلمة الشهادة، «أشهدُ أنَّ لَا إِلهَ إِلَّا اللّٰه وأشهدُ أنَّ سَيِّدَنا مُحَمَّد رَسولُ اللّٰهِ ﷺ» («موعظة»، ١٢ آب ٢٠١٣).

الشهادة بواحِديّة اللّٰه ونبوّة مُحَمَّد ﷺ هي أساس الإيمان والعقيدة.

إنّ دينَك وإيمانَك وعقيدَتَك لهم مَجموعةُ من الشروطِ التي تَبْدَأ من كلمةِ التَّوْحِيد وتنتهي بـ ﴿وَمِمَّا رَزَقْنَٰهُمْ يُنفِقُونَ﴾ (البقرة ٣) («موعظة»، ١٢ آب ٢٠١٣).

---

[1] أعضاء الجسم.

يقوم الدين على أسس عَقَدِيّة، أوّلها توحُيد الله عَزَّ وجَلَّ، وسلوكيّة من العمل الصالِح، ومن هذه السلوكات الإنفاق في سبيل الله. مما يبيّن أهمّيّة الإنفاق في سبيل الله تكرّر الآية ﴿وَمِمَّا رَزَقْنَٰهُمْ يُنفِقُونَ﴾ ستّ مراتٍ في القرآن (البقرة ٣، الأنفال ٣، الحج ٣٥، القصص ٥٤، السجدة ١٦، الشورى ٣٨) ووجود آيات أخرى كثيرة تحثّ على الإنفاق في سبيل الله. ومن دلائل أهمية الإنفاق هو ذكر الله له في القرآن الكريم في سورة البقرة في ثمان عشرة آية متتالية، ٢٦١-٢٦٧ ثم ٢٧٠-٢٨٠، تفصلها آيتان فقط ٢٦٨-٢٦٩.

يجب أن تُردّد بعد صلواتِك هذا الذكر كي تأخذ منه عبرة، «اللهُ حاضري، اللهُ ناظري، اللهُ شاهدٌ عَلَي؛ اللهُ مَعي، اللهُ مُعيني، وهُوَ بِكُلِّ شَيءٍ مُحيط» («موعظة»، ٢٢ كانون الثاني ٢٠١٠).

قال الشيخ مُحَمَّد المُحَمَّد بأن هذا ذكرٌ للشيخ عبد القادِر الجيلاني تلقّاه من الشيخ مَعْروف الكرخي. في بداية تسعينيّات القرن الماضي، أضافه شيخنا إلى أذكار الطريقة الكَسْنَزانيّة ليُقرأ ثلاث مراتٍ بعد كل واحدةٍ من الصلوات المفروضة. يساعد هذا الذكر الذاكرَ على أن يكون دائمَ الوعيِ بوجود الله في كل وقتٍ ومكانٍ وبقدرته على كل شيءٍ.

وأحبّ أن أختم اقتباساتي من كلام شيخنا الجليل برؤية له عن شهادة التَّوحِيد. رأى شيخنا جسدًا مدفونًا قد أصبحَ ترابًا. ثم جاء نورٌ ضعيفٌ فسرى في كلِّ الأوعية الدموية حتى وَصلَ إلى منتصف الجسم قبل أن يتراجَعَ. قيل له بأن هذا النور الضعيف هو نور الطفولة، نور البراءة. ثم جاءت نارٌ حمراءٌ قبيحة وانتشرت في

جميع أنحاءِ الجسم. قيل له بأن هذه نارُ الشيطان. ثم بدأ نورٌ أبيضٌ لا مثيل له ولا يمكن وصف بهائه بالانتشار في الجسم من الرأس وسرى في الدورة الدموية حتى وَصَل القدمين، طاردًا النارَ الحمراءَ القبيحة. قيل له بأن هذا النور الجميل هو نور «لا إلهَ إلا الله»، فحين يذكره الإنسان يطرد نارَ الشيطان وينتشر في جسمه فيحفظه من النار («موعظة»، ١٢ أيّار ٢٠٠٠).

هذه الرؤيا هي تجسيد لوصف الرسول ﷺ لذكر «لا إله إلا الله» بأنه يدفع عن الذاكر النار، «إِنَّ اللَّهَ قَدْ حَرَّمَ عَلَى النَّارِ مَنْ قَالَ «لَا إِلَهَ إِلَّا اللَّهُ» يَبْتَغِي بِذَلِكَ وَجْهَ اللَّهِ».[1]

[1] البخاري، «الصَّحيح»، ٤١٩.

الخاتمة

أرجو أن أكون قد وُفِّقتُ في تقديم صورة كافية وواضحة عن مفهوم التَّوحِيد عن الصُّوفيَّة وكيف أجادوا في وصفه بإسهابٍ في مجالِسِهِم وكُتُبِهِم.

كما رأينا، لا يختلف الصُّوفيَّة عن غيرهم من علماء المسلمين في فهمهم لمعنى التَّوحِيد. ولكن كما يسعى الصُّوفيَّة في تربية النفس على أسمى الآدابِ مع اللهِ والناسِ والخلقِ جميعاً ولا يكتفوا بأقلِّ مُتطلبّات الدين منها، فإنهم يطلبون الترقّي إلى أعلى درجات التَّوحِيد ويحثّون المسلمين على ذلك. فتراهم، مثلًا، يتحدّثون عن ضرورة وعي العبد المستمر بأن الله عَزَّ وجَلَّ دائمًا معه، وأنه لا يحدُث أمرٌ إلا بإذنه، وأنه السبب الحقيقي لكلِّ حَدَثٍ ظاهرٍ أو باطِنٍ. فهذا الوعي غير المنقطعِ باللهِ وأسمائِهِ وصِفاتِه هو من أحوالِ التَّوحِيدِ عند الصُّوفيَّة.

إن هدف الرحلة الصُّوفيَّة هو الوصول إلى الفناءِ الروحي في الله عَزَّ وجَلَّ. وهذا هو أعلى درجات التَّوحِيد، حيث يعني التحلّي بالعبوديّة الكاملة والتسليم المطلَق لربوبيّة اللهِ الذي لا إلهَ غيره. وكما وصفها الغوث الأعظم الشيخ عبد القادِر الجيلاني (قدّس الله سرّه العزيز) فأبْدَعَ الوَصفَ، هي رحلة روحيّة منطلقها الإيمانُ اللساني بأن ﴿لَآ إِلَٰهَ إِلَّا ٱللَّهُ﴾ ومُنتَهاها الإيمانُ الشهودي بأن «لَآ إِلَٰهَ إِلَّآ أَنتَ».

هذا هو «التَّوحِيد عندَ الصُّوفيَّة».

المصادر

ابن أبي عاصِم، أحمد. «الآحاد والمَثاني»، الرياض: دار الراية، ١٩٩١.

ابن النديم، «الفهرست»، بيروت: دار المعرفة، بلا سنة.

ابن الوَرْدي، زين الدين. «تاريخ ابن الوَرْدي»، النجف: المطبعة الحيدرية، ١٩٦٩.

ابن تيميّة، أحمد بن عبد الحليم. «الاستقامة»، تحقيق مُحَمَّد رشاد سالم، الرياض: جامعة الإمام مُحَمَّد بن سعود الإسلامية، ١٩٩١.

ابن تَيميّة، أحمد بن عبد الحليم. «مجموع فتاوى»، جمع وترتيب عبد الرحمن بن قاسم ومحمد بن عبد الرحمن، المدينة المنوَرة: مجمّع الملك فهد لطباعة المصحف الشريف، ٢٠٠٤.

ابن عَرَبي، مُحيي الدّين. «التَّجَلِّياتُ الإلهيّة»، تحقيق عثمان إسماعيل يحيى، طهران: مركز نشر دانشگاهي، ١٩٨٨.

ابن عَرَبي، مُحيي الدّين. «الفُتوحات المَكِّيَّة»، تحقيق أحمد شمس الدين، بيروت: دار الكتب العلميّة، ١٩٩٩.

ابن عربي، مُحيي الدّين. «الوَصايا»، دمشق: دار الإيمان، ١٩٨٨.

ابن ماجة، مُحَمَّد بن يزيد. «السُّنَن»، تحقيق، شعيب الأرنؤوط وعادل مرشد وسعيد اللحام، دمشق: دار الرسالة العالمية، ٢٠٠٩.

أبو طالِب المَكّي، مُحَمَّد. «قوتُ القُلوبِ»، تحقيق محمود الرضواني، القاهرة: مكتبة دار التراث، ٢٠٠١.

أَبُو يَعْلَى الْمَوْصِلِيّ، أحمد. «المُسنَد»، تحقيق حسين أسد، دمشق: دار المأمون للتراث، دمشق، ١٩٨٦.

أحمد بن حنبل. «المُسنَد»، تحقيق شعيب الأرناؤوط وآخرون، بيروت: مؤسسة الرسالة، ١٩٩٥-٢٠٠١.

الأشعري، أبو الحسن. «مقالاتُ الإسلاميّينَ واختلافُ المُصلّينَ»، تحقيق مُحَمَّد محيي

الدين عبد الحميد، بيروت: المكتبة العصريّة، ١٩٩٠.
الأصفهاني، أبو نعيم. «حِليَةُ الأوْلياءِ وطبقاتُ الأصفياءِ»، بيروت: دار الفِكر للطباعة والنشر، ١٩٩٦.
البخاري، محمد بن إسماعيل. «الأدَب المُفرَد»، تحقيق مُحَمَّد الألباني، بيروت: دار الصدّيق، ٢٠٠٠.
البخاري، محمد بن إسماعيل. «الصَّحيحُ»، تحقيق عبد القادِر شيبة الحمد، الرياض: عبد القادِر شيبة الحمد، ٢٠٠٨.
البيهقي، أحمد بن الحسين. «المَدخَلُ إلى علومِ السُّنَنِ»، القاهرة: دار اليُسر، ٢٠١٧.
البيهقي، أحمد بن الحسين. «الزُّهْدُ الكبير»، بيروت: مؤسسة الكُتب الثقافية، ١٩٨٧.
التِّرْمِذي، مُحَمَّد بن عيسى. «الجامعُ الكَبير»، تحقيق بشّار عوّاد معروف، بيروت: دار الغرب الإسلامي، ١٩٩٦.
الجامي، عبد الرحمن. «نفحاتُ الأُنس من حضرات القدسِ»، القاهرة: الأزهر، ١٩٨٩.
الجُنَيدُ البغدادي، أبو القاسِم. «رسائلُ الجُنَيد»، تحقيق علي حسن عبد القادِر، القاهرة: برعي وجداي، ١٩٨٨.
الجيلاني، عبد القادِر. «الفَتْحُ الرَّبّانيُّ والفيضُ الرّحمانيُّ»، كولونيا: الجمل، ٢٠٠٧.
الجيلاني، عبد القادِر. «جِلاءُ الخاطِر»، تحقيق مُحَمَّد المُحَمَّد الكَسْنَزان، بغداد: دار عشتار، ١٩٨٩.
الجيلاني، عبد القادِر. «فُتوحُ الغَيب»، تحقيق عبد العليم مُحَمَّد الدرويش، دمشق: دار الهادي، ٢٠٠٧.
الحاكِم النَّيسابُوري، مُحَمَّد. «المُستَدرَك على الصَّحيحَين»، تحقيق مصطفى عبد القادِر عطا، بيروت: دار الكتب العلمية، ٢٠٠٢.
الحدّاد، عبد الله بن عَلَوي. «النصائِحُ الدّينِيةُ والوَصايا الإيمانِيّةُ»، بيروت: دار الحاوي، ١٩٩٩.
الحَلّاج، الحسين بن منصور. «ديوان الحَلّاج»، حواشي وتعليق محمد باسل عيون السود، بيروت: دار الكتب العلمية، ٢٠١٣.
الحميده، حمد. «رؤيةُ الله تعالى في الآخرة وموقفُ أهمِّ الفِرَقِ الإسلامية منها»، مجلد ٧،

عدد ٢٤، ص ٤٣-٥٨، ٢٠٢٣.
الدِّمَشقي، أرسلان. «رِسالة في التَّوحِيد» في كتاب «الشيخ أرسلان الدمشقي»، تحقيق عزّة حصريّة، دمشق: عزّة حصريّة، ١٩٦٥.
الدَيلَمي، أبو شُجاع. «الفِردوس بمأثور الخِطاب»، بيروت: دار الكتب العلمية، ١٩٨٦.
الرّازي، فخر الدين. «التفسيرُ الكبيرُ»، بيروت: دار الفِكر للطباعة والنشر والتوزيع، ١٩٨١.
الرِّفاعي، أحمد. «الحِكَم»، بيروت: المطبعة الأدبية، ١٩٨٠.
الرِّفاعي، أحمد. «حالُ أهل الحقيقةِ مع الله»، تحقيق أحمد فريد المزيدي، بيروت: دار الكتب العلمية، ٢٠٠٤.
زرّوق، أحمد. «قواعدُ التَّصوُّفِ وشواهدُ التعرُّفِ»، الشارقة: المركز العربي للكتاب، بلا سنة.
السّاعي، علي بن أنجب. «أخبارُ الحَلّاج»، تحقيق موفّق فوزي الجبر، دمشق: دار الطليعة الجديدة، ١٩٩٧.
السَّكَندَري، ابن عطاءِ الله. «التَّنويرُ في إسقاطِ التَّدبير»، تحقيق مُحَمَّد عبد الرحمن الشاغول، القاهرة: المكتبة الأزهريّة للتراث، ٢٠٠٧.
السَّكَندَري، ابن عطاءِ الله. «الحِكَم»، تحقيق عبد المجيد الشرنوبي، دمشق: دار ابن كثير، ١٩٨٩.
السَّكَندَري، ابن عطاءِ الله. «تاجُ العَروسِ وأُنْسُ النُّفوسِ»، تحقيق مكتب الروضة الشريفة للبحث العلمي، القاهرة: المكتبة الأزهريّة للتراث، ٢٠٠٦.
السكندري، ابن عطاء الله. «لطائِفُ المِنَن»، تحقيق عبد الحليم محمود، القاهرة: دار المعارف، ٢٠٠٦.
السُّلَمي، أبو عبد الرحمن. «طَبَقاتُ الصُّوفيَّة»، تحقيق مصطفى عطا، بيروت: دار الكتب العلمية، ١٩٩٨.
الشعراني، عبد الوهّاب. «الأنوارُ القُدسِيّةُ في معرِفةِ قواعدِ الصُّوفيَّة»، تحقيق طه عبد الباقي سرور ومحمد عيد الشافعي، بيروت: مكتبة المعارِف، ١٩٨٨.
الشعراني، عبد الوهّاب. «الطَّبَقاتُ الكُبرى»، تحقيق أحمد السايح وتوفيق وهبة، القاهرة: مكتبة الثقافة الدينية، ٢٠٠٥.

الشعراني، عبد الوهّاب. «القواعِدُ الكَشفِيّة المُوَضِّحة لمعاني الصفاتِ الإلهيّة»، تحقيق أحمد محمود درويش، دمشق: دار التقوى، ٢٠٠٩.
الشعراني، عبد الوهّاب. «لطائِفُ المِنَن والأخلاق في وجوبِ التحدُّثِ بنعمةِ الله على الإطلاق»، تحقيق أحمد عزّو عِناية، دمشق: دار التقوى، ٢٠٠٤.
الشِّيبي، كامل مصطفى. «الصِّلة بين التَّصوُّف والتشيُّع»، القاهرة: دار المعارف، ١٩٦٩.
صبري، حُسَين. «رؤية الله في الإسلام: نحو منهجيّة تكامليّة في دراسة قضايا الدين»، أبو ظبي: الضياء، ٢٠١١.
الطُّوسي، أبو نَصْر السَّرّاج، «اللُّمَع في التَّصوُّف»، تحقيق عبد الحليم محمود وطه عبد الباقي سرور، بغداد: مكتبة المُثنّى، ١٩٦٠.
عبد الجبّار بن أحمد، القاضي. «شرح الأصول الخمسة»، تحقيق عبد الكريم عثمان، القاهرة: مكتبة وهبة، ١٩٩٦.
عبد القاهر البغدادي، أبو منصور. «الفَرْق بين الفِرَق وبيان الفرقة الناجِية منهم»، تحقيق مُحَمَّد عثمان الخشب، القاهرة: مكتبة ابن سينا، ١٩٨٨.
علي بن أبي طالب. «نَهْجُ البَلاغَة»، تحقيق الشريف الرضي، بيروت: مؤسّسة المعارف، ١٩٩٠.
الغزالي، أبو حامد. «إحياءُ علومِ الدّينِ»، بيروت: دار ابن حَزم، ٢٠٠٥.
الغزالي، أبو حامد. «مِشكاةِ الأنوار ومِصفاةِ الأسرار»، تحقيق عبد العزيز السيروان، عالم الكتب: بيروت، ١٩٨٦.
فتّوحي، لؤي. «التَّصوُّفُ في الطَّريقَةِ العَلِيَّةِ القادِرِيَّةِ الكَسْنَزانِيَّةِ: مَنْهَجٌ تَطْبيقِيٌّ للجانِبِ الرّوحِيِّ للإسلامِ»، برمنغهام: دار الطريقة، ٢٠٢٠.
فتّوحي، لؤي. «النبي يوسف في القرآن الكريم والعهد القديم والتاريخ: الإعجاز اللُغَوي والقَصَصي والتاريخ في سورة يوسف»، بيروت: دار الكتب العلمية، ٢٠١٥.
فتّوحي، لؤي. «حَياةٌ وفَناءٌ في حُبِّ النَّبِيِّ مُحَمَّدٍ ﷺ: سِيرةُ السَّيِّدِ الشَّيخِ مُحَمَّدِ المُحَمَّدِ الكَسْنَزان»، برمنغهام: دار الطريقة، ٢٠٢٠.
فرنسيس، البابا. «الحَمدُ لَكَ: العِنايةُ ببيتنا المُشتَرَك»، رسالة دورية، الفاتيكان: مطبعة الفاتيكان، ٢٤ أيّار ٢٠١٥.

القرطبي، محمد بن أحمد. «الأسنى في شَرحِ أسماء الله الحُسنى»، تحقيق محمد جبل وآخرون، طنطا: دار الصحابة للتراث، ١٩٩٥.

القشيري، أبو القاسم. «الرِّسالة القُشَيرِيّة»، تحقيق عبد الحليم محمود ومحمود بن الشريف، القاهرة: مطابع مؤسّسة دار الشعب، ١٩٨٩.

الكَسْنَزان، مُحَمَّد المُحَمَّد. «موسوعة الكَسْنَزان فيما اصطلح عليه أهل التَّصوُّف والعرفان»، دمشق: دار المحبّة، ٢٠٠٥.

الكلاباذي، أبو بكر. «التعرُّفُ لمذهَبِ أهلِ التَّصوُّفِ»، القاهرة: مكتبة الخانجي، ١٩٩٤.

مالك بن أنس، ابن عبد الله. «المُوَطَّأ»، تحقيق مُحَمَّد مصطفى الأعظمي، أبو ظبي: مؤسسة زايد بن سلطان آل نهيّان للأعمال الخيريّة والإنسانيّة، ٢٠٠٤.

مُسلم، أبي الحسين. «الصَّحيحُ»، تحقيق محمد فؤاد عبد الباقي، القاهرة: دار الحديث، ١٩٩١.

النَسائي، أحمد بن شعيب. «المُجتَبى من السُّنَن»، تحقيق فريق بيت بيت الأفكار الدوليّة، الرياض: الأفكار الدوليّة، ١٩٩٩.

النِّفَّري، مُحَمَّد بن عبد الجبّار. «المُخاطَبات»، تحقيق آرثر يوحنّا آربري، القاهرة: مكتبة المُتنبّي، ١٩٣٥.

النِّفَّري، مُحَمَّد بن عبد الجبّار. «المَواقِف»، تحقيق آرثر يوحنّا آربري، القاهرة: مكتبة المُتنبّي، ١٩٣٥.

الهُجْوِيري، علي أبو الحسن. «كَشفُ المحجوبِ»، تحقيق إسعاد عبد المهدي قنديل، القاهرة: المجلس الأعلى للثقافة، ٢٠٠٧.